KB115402

도교 명리학

도교 명리학

발행일 2018년 7월 6일

지은이 유천
펴낸이 손 형 국
펴낸곳 (주)북랩
편집인 선일영
편집 오경진, 권혁신, 최예은, 최승헌, 김경무
디자인 이현수, 김민하, 한수희, 김윤주, 허지혜
제작 박기성, 황동현, 구성우, 정성배
마케팅 김회란, 박진관, 조하라
출판등록 2004. 12. 1(제2012-000051호)
주소 서울시 금천구 가산디지털 1로 168, 우림라이온스밸리 B동 B113, 114호
홈페이지 www.book.co.kr
전화번호 (02)2026-5777
팩스 (02)2026-5747

ISBN 979-11-6299-214-2 03180(종이책) 979-11-6299-215-9 05180(전자책)

이 도서의 국립중앙도서관 출판예정도서목록(CIP)은 서지정보유통지원시스템 홈페이지(http://seoji.nl.go.kr)와 국가자료공동목록시스템(http://www.nl.go.kr/kolisnet)에서 이용하실 수 있습니다.
(CIP제어번호 : CIP2018020853)

道教命理學

24시간 만에 마스터하기
이것이 도교 명리학이다

머리말

도학에 관심을 가진 선배가 신비하고 신통하게 느껴져 학문에 관심을 가지게 되었다. 어린 나이에 자존심은 강하고 어리석어서 직접 여쭤보지는 못하고, 서점에 가서 관련 서적을 안 사본 책이 없을 정도로 집착이 강했다. 학문에 대한 욕구는 증폭되었고, 하면 할수록 어렵고 심한 갈증으로 이어져, 산천에 알려진 도사들을 찾아다니며 나름대로 배웠다. 하지만 시간이 지나 무언가 아쉬움이 남아 체계적으로 배우고자 제도권 안으로 들어가 동양학과를 다녔다. 그 뒤 명리학을 정리하고자 도교 명리학 이론을 정리하게 되었다. 명리학이란 학문은 정형화가 되어 있지 않은 학문이다. 스승의 인연에 따라 달리 해석할 수 있다. 자평진전식이니 적천수식이니, 또는 기타 관법으로 사주를 구분, 평가한다.

이 책은 도교 명리학과 인연이 되어 스승님이 전수해준 내용을 간추려 나의 의견을 정리한 책이다. 처음 사사받을 때 누구든지 그렇겠지만 필자 역시 많은 것이 알고 싶고 깨우치고 싶었다. 한마디로 도인이 되고 싶었다. 지금도 감사하게 느끼는 점은 스승님 말씀이다. 모든 이론은 적극적으로 받아들이고 긍정적으로 수용하라, 섭

취하라, 맛을 음미하며 느껴라, 그리고 감명하라. 선입견 없이 받아들이고 본인의 눈높이에 맞게 정리하라. 나무와 꽃의 향에 속아 숲의 형태를 보지 못하는 어리석음과 산의 형태를 보지 못하는 우매함을 겪지 마라. "노력보다는 선택이 중요하다."고 했다. 지금 이날까지도 참 아름답고도 고마운 말씀이다.

선입견이 없어지면 식견이 넓어진다. 사람들은 누구나 자기의 가치관을 중심으로 주관적 삶을 살아간다. 사주팔자는 운명의 만리경이다. "신약하면서 재성이 많으면 돈을 바라보고, 달리다 쓰러지고 신강하면 재성을 향해 맘껏 달려가며 재성을 취한다. 신약하면서 재성이 없으면 재에 복이 있으며, 신강하면서 재성이 없으면 목표의식이 떨어져 중도에 포기하고 낙오하게 된다."라고 했다. 자, 그럼 도교 명리학의 장점은 무엇이며 단점은 무엇인가 살펴보자.

첫째, 사주팔자를 보는 순간 격(格)을 파악할 수 있다. 성격(成格)과 파격(破格)을 구분할 수 있다는 것이다. 한마디로 공식(정형화)화되어 있다는 것이다. 그럼 좋은 팔자와 나쁜 팔자는 무엇인가. 예를 들어 좋은 팔자는 부유한 환경에서 태어나는 것이고, 나쁜 팔자는 부유하지 못한 환경에 태어나는 것이다. 부유한 환경에서도 사랑을 못 받고 태어날 수도 있고, 부유하지 못한 환경에서도 사랑받고 클 수 있다. 어릴 때 부유함의 유(有)와 무(無)가 무엇이 중요하겠는가. 하지만 어린 시절부터 예민한 친구는 환경이 스트레스로 여겨지고, 그 스트레스가 평생의 성격적 트라우마를 만든다는 것이다.

둘째, 월령(月令)이 왕(旺)한지 쇠(衰)한지 판단하여 용신(用神)과 기신(忌神)을 쉽게 판별할 수 있다. 물론 왕쇠강약(旺衰强弱)은 도교 명리학만의 전유물이 아니다. 하지만 오행용사(五行用事)와 왕쇠강약(旺衰强弱)은 명리학 입문의 기본 중 기본이다. 도교 명리학만의 비법은 기본에 충실하다. 월령(月令) 중심이 기본이다. 이 기본이 잘 갖춰줘야 쉽게 고수가 될 수 있다. 용신과 기신을 쉽게 파악할 수 있을 것이다.

셋째, 육효(六爻)의 장점을 이용하여 사주원국의 중심점(태극점)을 찾아 육효에서 응효(應爻)를 찾는 것과 같이, 일간(日干)과 중심점(태극점), 세효(世爻) 관계에 응효(應爻)를 살펴 길흉화복(吉凶禍福)과 부귀빈천(富貴貧賤)을 쉽게 파악할 수 있다.

넷째, 잡다한 신살(神殺)을 배격하고 천간(天干)의 기(氣)와 지지(地支)의 질(質)을 음(陰)과 양(陽)으로 쉽게 판별할 수 있으며, 생극제화(生剋制化)와 월령(月令) 용신(用神)을 중심으로 용신(用神)과 기신(忌神)의 세력을 파악하여 왕쇠강약(旺衰强弱)을 파악하고, 사주(四柱)의 대운(大運)과 세운(歲運)의 영향력을 쉽게 이해할 수 있다.

다섯째, 지금은 다수설이 아니지만 기문둔갑과 풍수와 고법명리학에 존재하던 수토동궁설(水土同宮說)을 살펴서 폭넓은 간명과 통변으로 살펴볼 수 있겠다. 본론에서 정확히 논하겠지만, 수토동궁설(水土同宮說)은 土가 水를 좇아 장생하는 지지(地支)에서 함께 장생하고, 水가 녹(祿)을 얻는다는 주장이 있다. 같은 공간에 놓였다고 보는 이론이다.

여섯째, 오행(五行)은 운명의 선천적 본성이고, 십신(十神)은 운명의 후천적 현상으로, 사회화나 인격화로 나누어 볼 수 있다. 원나라와 명나라를 거쳐 시대적 발전을 이룬 이론이라기보다는, 도교 무당파 內에서 중국의 공산주의 사상 때문에 학문이 알려지지는 않았지만, 어떤 책 이론보다 전통적 색깔이 강한 이론이다. 도교 명리학 이론이 어떤 책에 근거를 두고 도교 명리학이란 이름으로 읽혔는지, 어느 서적이 조상이었는지 밝혀지지는 않았다. 하지만 필자가 연구해 본 결과 시대적 흐름으로 『연해자평』, 『삼명통회』, 『적천수』의 내용이 도교 명리학의 이론에 많은 영향을 미쳤다는 것을 알 수 있었다. 이 책이 나오기까지 적지 않은 조언을 아끼지 않은 도반들과 은사님의 조언에 감사함을 드린다.

2018년 6월
대변 바닷가 와실(蝸室)에서
유천(劉泉) 적음

차례

1부

서론

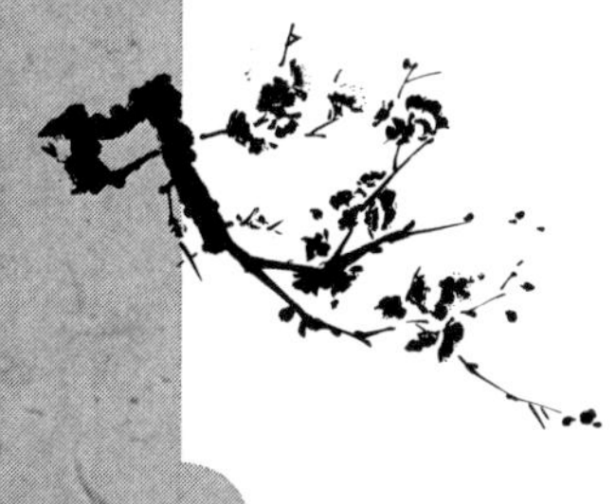

❶

『도교 명리학』 편찬 배경

도교는 노자(老子)와 장자(莊子)를 중심으로 한 도가(道家)의 사상이다. 무위자연설을 근간으로 하는 종교이자 철학사상이다. 도교의 본산인 무당파는 13세기 장삼봉(張三奉)이 만든 종파이다. 그는 원나라와 명나라를 거쳐 당시의 무술가이자 점성가이며 사상가였다. 장삼봉은 중국 요동 의주 사람이다. 자는 군보(君寶)요. 호는 삼봉, 또는 삼풍(三豊)이라 불렸다. 늘 도롱이만 걸치고 다녔으며, 그 위에 장삼 한 벌이 전부라 했다. 그는 신통한 기예로 사람들의 난제를 도움으로 추앙받았다고 한다. 무당파의 성지는 무당산(우당산)이다. 중국 후베이성 균현에 있는 산, 도교의 영지인 산상과 산하는 27봉우리와 36기암 24골짜기가 있는 바위산이다. 가장 높은 봉우리 천주봉은 길이가 1,612미터로서 가파르다. 수천의 경승지가 있다. 선인들과 장생을 원하는 방사들이 은거하여 각자 자기 자신만의 세상과 세계의 가치관을 열어가며 도를 행하며 살아간다.

현대사회에서의 역학 모드는 육임, 육효, 기문둔갑, 주역, 태을, 자미두수, 팔괘 상수, 구궁, 사주, 구성기학, 타로, 점성술, 풍수 등 이루 헤아릴 수 없을 정도로 각양각색이다. 이 모드는 역학 애호가들의 호기심과 애착심을 불러일으키고 있다. 21세기에 이토록 역학에 관심을 두고 산다는 것이 어쩌면 현 사회에 적응 못 하여 생긴 결과가 아닐까 생각한다. 역학이 현대사회를 살아가는 우리들에게조차

상당히 매력 있는 존재라는 반동의 의미일 수도 있다고 생각한다. 의미 자체가 가지고 있는 무궁한 매력도 있겠지만, 더욱 중요한 건 다들 역학을 통하여 운을 고칠 수 있다고 기대하고 있는 것이 사실이라는 점이다.

도교 명리학의 핵심 이론 중 '천(天)'과 '지(地)'와 '인(人)'에 대해서 어떤 이가 일의 길(吉)과 흉(凶)을 물었을 때, 형성되는 사주팔자(四柱八字) 중에서 십천간(十天干) 십이지지(十二地支) 중 사천간(四天干)이 '천(天)'이고, 사지지(四地支)가 '지(地)'이며, 일간(日干)이 '인(人)'이라는 것이다. 이 일의 성(成)과 패(敗)는 '천(天)'과 '지(地)'가 일간에게 공동 작용하는 결과로 결정되는 것이다. 즉 광의에서의 '천지인(天地人)'이 아니라, 협의에서의 '천지인(天地人)' 삼자의 운동 결과만이 묻는 일의 성(成)과 패(敗)를 결정한다고 보는 게 곧 도(道)의 본질이라는 것이다.

『주역』			
의리역(유가, 도가, 성리학)		상수역(상수학)	
윤리, 도덕, 규범, 철학, 종교	공자 주자 형이상학	술수학, 명리학, 육효, 자미두수	노자 소강절 형이하학

사주명리학 변천사를 살펴보면, 역(易)은 원래 하늘이 인간의 길흉화복(吉凶禍福)을 주재한다고 믿던 때의 중국 사회에서, 하늘의 뜻 또는 의(義)를 물어서, 그에 의해 인간 일상의 행동을 결정하고 판단하기 위해 발생한 『주역』에 관해 연구하는 학문(學文)을 말한다. 진(秦)과 한대(漢代)에서부터는 철학적·윤리적으로 연구되기 시작했는데, 유교의 경전이 되면서 역경(易經)이라고 한다. 『유교대사전』에서는 역

(易)의 의미에 대해서 다음의 세 가지 설로 설명하고 있다. 첫째, 석역설, 둘째, 일월설, 셋째, 자의설이 그것이다.

『주역』은 의리역과 상수역으로 나뉘었다. 의리역은 발전하여 인간 생활의 윤리와 도덕과 규범을 교육하게 되고, 상수역은 미래를 예단하는 수단으로 성행하게 된다. 그러나 상수역은 의리역에 밀려 그 세력이 많이 약해지지만, 상수역은 명리학, 자미두수, 매화역수, 육효, 하락이수, 동양오술(命, 卜, 相, 医, 山) 등으로 발전해 나갔다. 『주역』을 해석하는 방법은 크게 상수(象數)와 의리(義理)로 나눌 수 있는데, 한대 이후의 역학(易學)은 상수(象數)에 치우쳐 있었었다. 이런 폐단을 극복하기 위해 왕필이 의리를 주장했으나, 이것은 오히려 노장(老莊)의 허무설(虛無說)로 변질되어 결과적으로 『주역』을 왜곡시키는 결과를 초래했다고 평가되기도 한다. 또한 정이의 역전은 왕필의 의리역(義理易)을 더욱 심화, 발전시켰다. 그러나 역시 상수적(象數的)인 측면을 제대로 이해하지 못하고 의리(義理)에만 치우치는 폐단을 낳았다.* 특히 명리학은 『주역』의 한 분파로, 음양오행의 심오한 이치를 바탕에 두고 있는 상수(象數)라 할 수 있다.

오늘날의 사주명리학은 고려 때 우탁(禹卓)이란 학자에 의해 최초로 도입되었다고 알려져 있다. 조선시대에는 명과학(命課學)으로서 제도권의 학문으로 인정되어 과거 시험에 채택되었다. 조선 초기에 명리학은 일부 양반과 궁궐에서만 사용되었다. 일제강점기에 한민족 정체성 말살과 억압의 강압통치로 명리학은 단절되었다. 현재는 민간의 점술 행위로 전락해서 무속인(巫俗人)들도 상수학을 접하게 되어 생활수단이 되니, 무(巫)와 역(易)이 동일 개념으로 자리잡게 되

* 잔백잠(裴伯潛) 등 저, 최석기 등 역, 『유교경전과 경학』, 경인문화사, 2002, 382~383면, 엄연석, 『주역』의 상징체계와 정이(程頤), 역전(易傳)의 의리학』, 태동고전연구, 2005, 16~17면.

어 미신화되었다.

도교 명리학은 무엇인가.

한마디로 정의하자면, 도교 선인들에게만 전해져 내려온 비기 술법이다. 무당파가 있는 도교는 중국이다. 중국의 역사 히스토리를 먼저 살펴보자면, 오랜 세월 동안 공산주의 이념과 이론으로 고정화된 측면이 강하다. 그러나 도교 명리학은 중국의 공산주의의 이념과 상관없이 무당파 내(內)에서 선인들의 학문으로서 원전의 왜곡없이 전해 내려오던 비전 비기 술법이다. 반면 홍콩의 명리학 이론은 여러 학자들에 의해 자유로운 환경에서 화려하게 꽃을 피우며 발전하거나 오히려 퇴보된 학문이다. 이런 점은 독자가 판단해서 취할 건 취하고 버릴 건 버려야 할 문제라고 생각한다.

고법명리학에서의 사주간명 방법은 연간(年干) 위주를 보는 방식이다. 이허중의 『명서』에서 『자평진전』에 이르기까지, 연간에서 일간(日干)으로 이어져 내려오는 간명 방법은 학문이 발전하듯이 새로운 사주의 분석 방법이 발전해 신분제도의 기준이 변해서 이루어졌다. 예를 들어 양반중심 사회에서는 양반이나 귀족 위주로 사주를 보는 독점 방법이 필요했고, 사회가 발전하므로 상인들에게 맞는 사주 관법이 다양하게 필요했을 것이다. 신분계층의 다양화는 또 다른 명리학과 점학(占學)의 필요성을 야기시켜, 양적 성장과 질적 발전으로 이어져 왔을 것이다. 자원이 늘어나고 인구 수가 증가하며 시장이 다변화되면서 생산 능력이 발전해, 위기를 기회로 다양한 직업과 직종이 생겨나고 발전 변화하듯이, 명리학과 점학도 현실에 맞는 사주 관법이 필요했을 것이다.

월령(月令)을 기준으로 연간(年干)으로 사주(四柱)를 보는 방법도 자연스럽게 진화하고 다변화해서, 일간(日干)으로 사주(四柱)를 보는 방법으로 발전했을 것이라고 추론한다. 송나라 시대의 서자평이 일간(日干)을 중심으로 하여 간지의 생극제화(生剋制化)를 중심으로 사주를 보던 간명법(자평술)은 아이러니하게도 직접 출판한 책이 없다. 기존의 고서에 주석을 첨부한 방식으로 자신의 이론을 전개했다. 현대식으로 말한다면 '요약정리'라고나 할까. 고법명리학의 연간(年干) 중심의 관법을 일간(日干) 중심으로 고서에 주석을 닮으로써 자기의 학문적 소양을 표현, 표출하고 있다. 하지만 이 또한 후대의 만민영 같은 학자는 『탁영필기』를 인용해서, 서자평이 동해사람 사척선생이라 불리며, 이허중 『명서』 때부터 연간(年干) 위주를 보는 방식과 이후에 일간(日干) 기준으로 병행해서 사주를 논했다고 하며, 송나라 전에 5대 10국 시대에는 일간 위주로 사주를 봤다는 식으로 이야기하여, 트랜드가 바뀌는 시대에 우연찮게 운 좋은 사람이란 식으로 서자평을 낮춘다. 어째든 서자평은 역사의 흐름에 순응, 변화에 입각하여 고서에 주석을 씀으로써 자기의 학문적 소양을 표현, 표출한, 명리학사적으로 존경받는 분이다.

자평의 본명은 거이(易)이고, 5대 말에서 송대를 살아온 성리학자이다. 화산에서 도를 닦았다고 알려져 있다. 화산에서 같이 도를 닦았다고 알려진 마의도인과 진도남 등은 현대적으로 표현한다면, 주위 물(水)이 좋다. 마의도인이 누구인가. 당대 최고의 관상가 아닌가. 진도남은 진희의로 불리며 자미두수로 유명하신 분 아닌가. 또한 도교와도 관련이 높으신 분이다. 내단 사상으로 주돈이가 태극도설에 인용한 최고의 사상가이시다.

도교 명리학 이론은 월령(月令) 용신(用神)을 중심으로 용신(用神)

과 기신(忌神)의 세력을 파악하여 길흉화복(吉凶禍福)과 부귀빈천(富貴貧賤)을 쉽게 파악하는 이론이다. 도교 명리학은 갑자기 나타난 학문이 아니다. 도교 명리학 이론은 전통 명리학 이론에 순응한다. 원나라와 명나라를 거쳐 들어온 명리학 이론이 어떤 책에 근거를 두고 도교 명리학이란 이름으로 읽혔는지, 어느 서적이 조상이었는지는 밝혀지지 않았다. 하지만 필자가 연구해본 결과 시대적 흐름으로 고법명리학의 30%와 『연해자평』, 『삼명통회』, 『적천수』의 각 내용이 30% 도교 명리학의 특수 비법의 40%를 차지한다고 생각한다. 도교 명리학의 이론은 천간론을 위주로 보는 명리, 육임, 화토동궁설(火土同宮說)보다는 수토동궁설(水土同宮說)의 지지(地支)론에 중심을 두고 있다. 즉 천간(天干)론은 기(氣)로 보고, 지지(地支)론은 질(質)로 본다. 베이직 이론에 입각해서 사주원국을 살펴 세력을 중점으로 보는 학문 이론이자 최고의 술수학이다. 도교 명리학의 음(陰), 양(陽)의 이론은 『역경』의 이론을 차용한 것으로 보이고, 오행(五行) 사상은 추연의 오덕종시설에서 보듯, 전체적으로는 명리학의 이론을 기본으로 하지만, 30%는 육효(六爻)를 차용해서 많이 쓰고 있다.

격(格)은 월령(月令)에서 천간에 투간한 자로 정해서 판단한다. 『자평진전』은 상궤(정격)를 밝혔고, 『적천수』는 만변(변격)을 밝혔다. 월령(月令)의 중요성은 또 다시 『난강만』 사시(巳時)를 따르는 것 역시 그러하다. 도교 명리학 이론은 갑자기 나타난 게 아니다. 명리학사에 순응하면서 발전해오다가 도교 무당파로 들어왔을 것이다. 전통 명리학과 『적천수』에서 시행하고 있는 몇 가지 차이점을 도교 명리학 이론에서 밝힌다면, 십신(十神)을 『적천수』에 와서 오행(五行)으로 축소한 작용관계에 대한 이유는 여러 학자들도 밝히고 있지만, 도교 명리학에서는 오행(五行)을 기본으로 명조를 논하고 십신(十神)을 응용하여 쓰고 있다.

상호 작용관계에 대한 연구는 도교 명리학의 눈높이로 본다면 어느 정도 성과가 밝혀져 있다고 할 수 있을 것이다. 월령(月令) 중심으로 한 천간(天干)의 일간(日干)과 상호작용이 어떤 변화를 가지는지 정의가 내려졌다. 충만 인정할 뿐 형과 파를 무시하고 천을귀인 등을 무시한 이유와, 육효(六爻) 육친론(六親論)인 남녀 모두 부모를 인성으로 자녀를 식상으로 본 이유와, 정관(正官)과 칠살(七殺)을 같은 것으로 보며 식신(食神)과 상관(傷官)을 같은 것으로 보는 등, 오행(五行)의 개념을 중시하고 음(陰), 양(陽) 개념을 축소시킨 『적천수』의 이론은 십신(十神)을 오행(五行)으로 나눈 것이다. 음양(陰陽)의 구별 의미를 중요시하지 않았다고 이야기하고 있지만, 도교 명리학 이론으로 논한다면 여기에는 많은 오류가 있다. 오행(五行)으로 구분하면 정(正), 편(偏)을 쉽고 빠르고 명확히 구별할 수 있다는 의미이지, 음(陰), 양(陽) 개념으로 축소됐다는 의미는 아니다.

2

도교 명리학 명리 이론

명리학의 사대고서인 『적천수』는 기존의 전통 명리학의 오류를 고치고 수정하여 만들어진 책일 것이다. 『적천수』가 나온 송(宋)나라 시대는 무수히 많은 명리학의 이론이 넘쳐나던 시기였다. 하지만 아무리 뛰어나도 『적천수』는 인정받기 힘든 책이었을 것이다. 격(格)을 위주로 보기보다는 대세론을 위주로 보는 책이었기 때문이다. 저자의 이름이 가탁되어 정확한 저자가 불분명한 이유의 근원이기도 하다. 『적천수』 이론이 아무리 논리성과 객관성이 갖춰져 있다 하더라도, 전통 명리학의 벽은 높았을 것이다. 21세기 현시대에서야 실속 있고 간단한 『적천수』를 더욱 더 선호하는 마니아들이 두텁게 생겨난 것이 아닐까. 예를 들어 지금도 전통 명리학은 학자들이나 학문적으로 깊이 연구하시는 분들이 더 선호한다. 반면 『적천수』 이론은 술사들이 더욱 선호한다고 말할 수 있겠다.

자, 도교 명리학을 공부하고자 한다면, 전통 명리학과 『적천수』의 특장점을 비교할 줄 알아야 한다. 단언하건대 도교 명리학을 이해하신다면 『적천수』 이론을 안다고 자부해도 될 것 같다. 그러면 고수의 반열에 금방 올라설 수 있을 것이다.

고법 명리학	
『자평진전』, 『적천수』, 『궁통보감』	도교명리학
홍콩, 대만	중국, 무당파
현대 명리학	

송(宋)나라 시대의 격국론을 살펴보자. 송(宋)나라 시대에는 무수히 많은 잡격이 쓰이고, 십신론(十神論)을 위주로 사주(四柱)를 보는 방식과 십이신살(十二神殺) 위주로 사주보는 방식이 유행했다. 연간(年干) 위주에서 일간(日干)을 위주로 사주를 보는 방법이 유행했다고 했다. 일간을 중심으로 간지의 생극제화(生剋制化)를 중심으로 보는 간명법인(자평술), 낙녹자, 삼명소식부주, 옥조신응진경주, 명통부, 경도 『적천수』, 악가 『삼명지미부』, 서승 『연해자평』, 『자평삼명통변연원』, 료중 『오행정기』 등, 시대상 새로운 명리(命理) 이론이 만들어진 꽃을 피우는 시기에 『연해자평』이란 책은 격국론을 내격 18격과 외격 18격으로 정리 구성하여 체계화했다. 경도 『적천수』, 임철초의 『적천수천미』 종화론(從化論) 이론은 4격(格)으로 간단하게 구분 지었다. 왜 이렇게 파격적으로 간단하다 못해 4격(格)이 나왔는지, 필자는 새로운 사주의 분석방법을 사회의 발전으로 안전화와 체계성이 필요한 신분제도에서 찾아야 한다고 생각한다. 이런 논리로 전개한다면, 『연해자평』은 격이 형성된 상신론을 살펴서 어디까지 신분이 상승할 수 있는가를 예측 가능한 이론으로 격을 살펴봤을 것이다. 『적천수천미』의 주석을 단 임철초는 학자보다는 술사의 입장에 사주를 간명하다 보니, 격이 형성된 상신론(成格) 사주보다는 파격(破格)의 사주를 많이 봤을 가능성이 많았을 것이다.

도교 명리학에서도 이와 비슷한 방식으로 격(格)을 구분하고 있다. 농업, 상업, 사회의 발전은 다변성을 가질 수밖에 없다. 도교 명리학은 도교 무당파에서 폐쇄적 환경으로 현재까지 전해져 내려오고 있다. 이제 도교 명리학은 현대 명리학과의 소통으로 격(格)을 살펴보는 방법론에 대해 폭넓은 시도를 할 것이다. 도교의 스승님도 명리학사적 흐름을 모르고 전통 비법이라 비밀리에 가르쳐 주셨지만, 시간이 지난 이 시점에서야 깨달아 도교 명리학의 비전과 비기에 대한 확신이 생겨서 지면에 밝히고자 한다. 도교 명리학에 앞서 전통 명리학의 이론적 학문과 『적천수』와의 차별성과 특징을 비교 분석하면서, 고서의 중요성을 살펴 학문의 근거와 역사를 깊이 있게 연구해보겠다.

도교 명리학의 격(格)을 판단하는 방법은 월령(月令)에서 판단하고 세력 개념으로 판단한다. 『자평진전』은 유력무력과 유정무정이고, 『적천수』는 청탁과 진신 가신이다. 필자가 21세기 현시점에 논리적 객관성으로 전통 명리학과 현대 명리학의 발전과정, 도교 명리학과의 차별성과 연관성을 학술적 이론으로 전개하고자 한다. 이것이 이 책 『도교 명리학』의 목적이자 취지이다.

첫째, 현 시대의 신생아는 출생시간이 정확하다는 관점에서 시간의 중요성을 다시 한 번 살펴봐야 된다.

둘째, 컴퓨터의 발전으로 인간의 직업과 직무를 자동화 시스템(로봇)이 대처하는 세계에 사는 현대인들은 직업의 급변화로 항상 자신을 업그레이드(upgrade)하며 산다. 미래의 변화를 예측하는 일이 우리의 일인 만큼 시스템을 갖추어야겠다. 온라인 산업이 직업에 미치는 영향력과 변화를 실감나게 하는 대표적인 예로 화폐의 변화인 비트코인을 들 수 있다.

셋째, 우리가 지향해야 할 상담 기법은 내담자 중심 상담이다. 생활수준과 학력이 급격히 높아져 기존의 상담 기법(일방 커뮤니케이션)에서 벗어나 비포커뮤니케이션(before-communication), 애프터커뮤니케이션(after-communication), 쌍방커뮤니케이션을 중요하게 생각하는 현실적 상담 기법으로 발전해 나아가야 할 것이다.

상담심리 기법에 도교 명리학의 이론 모드를 연구해서 사회적·문화적 가치가 어디에 있는지 생각하며 현실적 학문 발전에 노력해 나가야 할 것이다.

도교 명리학의 이론은 쉽고 간결하다. 너무 쉽고 간결해서 정형화 기법이 도입될 수도 있다. 하지만 이론이 쉽다고 학문이 쉽다는 것은 아니다. 깊이를 모르고 강을 건널 수는 없다. 전통 명리학은 제왕의 학문이었다. 격(格)을 중요시한다. 하지만 도교 명리학의 이론은 서민의 학문이다. 무당파 내에서 격(格)이 제대로 서 있지 않은 파격 중심의 중생들과 도인의 사주를 주로 살펴봤을 것이다. 도교 명리학에서는 사주원국을 살필 때 사주의 세력을 기본으로 본다. 지금 이 순간도 서민과 평민인 사농공상(士農工商)으로 사주를 구분해서 연구, 발전해 나가고 있다. 원(元)나라와 명(明)나라를 거쳐서 도교 명리학이 전파된 건지, 아니면 그 이전의 송(宋)나라 학문이 그대로 전해온 건지, 현대에 맞게 연구하여 이론을 밝힌다. 도교 명리학의 이론체계는 이제 한 개의 산(山)과 산을 넘은 것에 불과하다. 앞으로 더욱 더 험난한 산이 기다리고 있을 것이라고 생각한다. 하지만 도교 명리학의 아름다운 행보는 이미 시작되었고 여기서 멈출 생각은 전혀 없다.

『연해자평』, 『삼명통회』, 『적천수』, 『명리정종』

아직까지도 자신 있게 '사주팔자란 무엇이다'라고 정확한 답을 못 하는 것은 어쩌면 사주팔자를 정확히 모른다는 것일지도 모른다. 또한 그것은 도교 명리학을 계속 연구해야 한다는 이유이기도 하다.

3

명리학사(命理學史)

명리학의 기원에 대해 아직까지 정설은 없다. 전국시대 귀곡자, 동진시대의 곽박, 수당시대의 원천강으로 보는 것이 일반적이나, 최근에는 경방을 명리학의 비조로 보기도 한다. 그 근거로, 경방역이 상수역을 대표하는 괘기역학으로 기본적으로 천인감응론과 음양이기의 소식, 오행의 생극을 주역 활용에 적용하면서 납갑과 육친, 용신 등을 설정하는 것이 현재의 명리학 이론 범주와 같은 것이 많기 때문이라고 본다.

명리학의 시대적 전개를 보면, 수대의 소길이 쓴 『오행대의』는 5권으로서, 제1권에 오행과 십간십이지. 제2권 상생과 상극, 휴왕, 합형해충. 제3권 오색, 오음, 오미, 오장. 제4권에 율려와 칠정. 제5권에 제신, 오제, 오령으로 구성되어 있다. 이 책에는 명리학의 기반이 되는 음양, 오행, 십간, 십이지와 상생상극의 다양한 이론이 적시되어 있다. 명리학은 대체적으로 당부터 체계가 잡혀가기 시작하여 송, 원, 명, 청을 거쳐서 발전했다고 볼 수 있다. 청대 시점에 오늘날 모습으로 체계가 잡힌 것 같다.

가. 당나라 시대 이허중 위군 출신으로 자는 상용, 당 헌종(806~820) 때에 전중시어사의 관직까지 진출. 당대의 유학자 한유가 쓴 『한창려문집』에 수록된 『진중시어사이군묘지명』에 의하면, 그가 처음으로 연월일시의 간지를 중심으로 인간의 길흉화복을 추론했다.

이허중명서 『명서』 보유는 귀곡자가 지었다는 『명서』라는 책을 주석했다고 전해진다.

나. 송나라 시대 서자평이 마의도인과 진도남(도희)과 화산에서 도를 닦았다는 설 『삼명통회』이 있다. 서자평이 일간을 중심으로 하여 간지의 생극제화를 중심으로 한 간명법(자평술) 낙녹자 삼명소식부주, 옥조신응진경 주, 명통부, 경도 『적천수』, 악가 『삼명지미부』, 서승 『연해자평』, 『자평삼명통변연원』, 료중 『오행정기』 등이 있다.

1) 진소암 『적천수집요』(1658) : 경도 『적천수』가 저술한 원문과 유성의가 주석한 원주가 수록된 책이다. 순치 15년(서기 1658년) 청 진소암이 편찬한 것이다.

2) 임철초 『적천수천미』(1848) : 경도가 저술한 원문에다 유성의가 주석한 원주에 또 다시 임철초가 새롭게 주석한 증주로 이루어져 있다. 중화민국 22년, 서기 1933년. 원수산과 형원주인 손 씨가 간행했다(원수산 교정, 출판).

3) 서락오편주 『적천수징의』(1934) : 『적천수보주』(1937, 서락오 교정, 출판) - 유기가 술이부작의 형태로 스스로 저술하고 스스로 주석을 달았다는 설이 있다.

서락오의 주장 - 무명씨가 당대 유명인인 유백온의 이름을 차용해서 저술했다는 설이 있다.

진소암의 주장 - 『적천수징의』는 임철초 『적천수 천미』(1848)의 내용 가운데 원수산의 주석이 빠진 것이다. 중화민국 24년, 서기 1935년 서락오가 간행하면서 '징의'라는 제목을 붙인다.

그런데 '징의'에는 천미에 없는 임철초의 증주가 일부 들어 있다.

4) 반자단 『적천수신주』(1938)

5) 곽홍면 『명운음양오행적천수』(1975)

6) 포여명 『완전풀이 적천수』(1995)

7) 이철필 『적천수집요평주』(1998)

8) 종의명 『현대파역적천수』(1999)

다. 원나라 시대 이흠부 『자평삼명연원주』, 장산봉 『명리정종』, 야율순

라. 명나라 시대 장남(신봉)이 40년간의 임상실험 후 『명리정종』저술, 동정설, 개두설, 병약설 제시, 유기(백온) 『삼명기담적천수』, 만민영 『성학대성』, 『삼명통회』 - 명리학의 백과사전, 작자미상의 『난강망』, 서창노인 『난대묘선』, 금산인 『성평회해』

마. 청나라 시대 진소암 『명리약언』, 『적천수집요』, 심효천 『자평진전』 - 격국 이론, 임철초 『적천수 천미』, 『난강망』을 편집한 여춘대 『궁통보감』, 『궁통보감』을 편역한 『조화원약』 서락오 등으로 진보되어 내려온다.

바. 민국 시대 원수산 『명리탐원』, 서락오 『적천수징의』, 『적천수보주』, 『궁통보감평주』, 위천리 『팔자제요』, 『명학강의』, 오준민, 『명리신론』

2부

도교 명리학 명리 개념

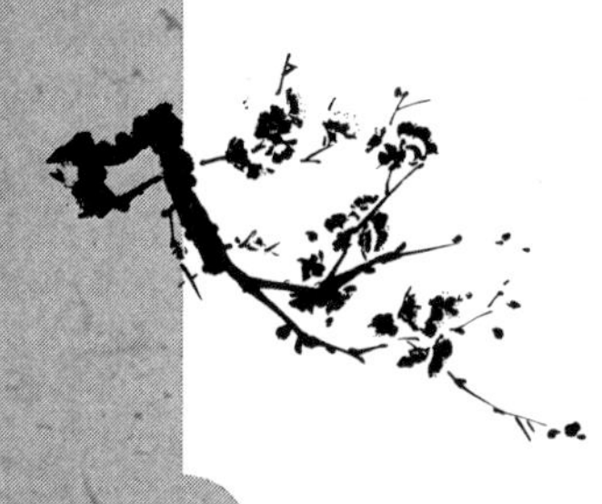

'사주명리학(四柱命理學)의 정설은 무엇인가?'라고 나 자신에게 항상 되물어본다. 또한 '어떻게 하면 명리학의 최고봉이 될 수 있을까'라고 생각한다. 명리학은 살아 있는 생물이다. 죽은 학문이 아니다. 시대별로 발전·변화해왔다. 명리학의 대표적 사대고서 중 『자평진전』과 『적천수』와 『궁통보감』 모두를 다 섭렵하면 명리학 고수가 되는가. 전통 명리학과 『적천수』의 차이점은 무엇인가. 역학 입문자들이라면 항상 이 화두에 문제점을 제기한다. 전통 명리학에서 쓰고 있는 갖가지 법칙은 실제 통변에서 많은 양을 차지하지 않는다는 비밀을 우린 알고 있다. 그렇다면 실제 통변에 사용되는 법칙은 무엇인가라는 의문을 갖게 한다. 그 답은 명리학사적 흐름에서 찾아볼 수 있다.

전통 명리학에서 『적천수』의 이론이 왜 나왔을까? 간단하다. 전통 명리학의 이론이 완벽하지 않다는 것을 증명하기 위해서 나온 것이다. 그 시대상의 『적천수』라는 책은 술수학 이론을 증명하면서 탄생한 것이다. 그래서 전통 명리학의 격이 잘 갖추어진 사주보다는, 격이 깨져 있는 농민과 상업에 종사하는 평범한 사람들을 만나 사주의 대세론에 입각한 사주보는 방법을 창안해놓은 실용적 사주책이 아닌가 필자는 생각한다. 변화와 잘못된 점을 고치고 수정하여 만들어진 이론이 『적천수』라고 생각하면 된다. 전통 명리학의 개념에서 『적천수』의 차이점은 아직도 현대인이 『적천수』를 이해 못 하는 이유에서 찾을 수 있다. 중요한 핵심이 빠져 있다는 느낌이 들지 않는가. 성인들의 지혜라고 여기며 무조건 받아들이는 학습 방식은 영원히 답을 찾을 수 없는 미궁으로 빠지게 하는 건 아닐까. 생각해봐야 할 것이다. 충분히 학문적 의심을 해볼 필요가 있는 것이다.

도교 명리학 이론 모드는 이런 학문적 의심 부분에서 답을 제시해주고 있다. 필자는 도교 명리학의 역사는 『적천수』 연대기 주위에서 찾아봐야 된다고 생각한다. 시대 흐름상의 연결성이 보이기 때문이다. 『적천수』의 내용에는 이런 이론이 전해지고 있다. "쇠왕의 진정한 상태를 능히 알 수 있다면 명리학의 절반을 터득한 것"이라고 했다. 필자는 『적천수』의 4가지 종화론(從化論)의 핵심 규율을 진정으로 알고 깨우친다면 사주를 접하는 식견이 한층 더 유연해지며 고수의 반열에 놓일 수 있을 것이라 생각한다. 그러면 용신(用神)과 기신(忌神)을 제대로 구분할 수 있을 것이다.

전통 명리학과 『적천수』의 특징과 필요성을 살펴보겠다. 『적천수』 이전의 『연해자평』, 『명리정종』, 『삼명통회』와 같은 고전 명리서들은 십신을 위주로 통변하면서 잡다한 신살과 잡다한 격국을 많이 사용했다. 그런데 『적천수』에는 기존의 명리에서는 찾아볼 수 없는 다섯 가지의 특징과 차별성이 나타난다.

첫째, 십신을 오행으로 축소하면서 보는 방법의 이유는 무엇인가?

둘째, 잡다한 신살을 배격한 이유는 무엇인가?

셋째, 전통 명리학의 육친론(六親論)을 육효(六爻) 육친론으로 환원시켜 쓴 이유는 무엇인가?

넷째, 전통 명리학의 잡격을 무시하고 4가지 격(格) 종화론(從化論)

종상(從象) 원인 구조는 무엇인가?

다섯째, 수토동궁설(水土同宮說)과 화토동궁설(火土同宮說)의 간명 기법과 통변 기법은 무엇인가?

필자가 생각하는 『적천수』의 이론은 그 시대에 굉장히 혁신적인 이론이었을 것이라 생각한다. 물론 받아들여지기 힘든 이론이었을 것이다. 이제 전통 명리학과 『적천수』의 차이점을 하나씩 살펴보자.

첫째, 십신을 오행으로 축소하면서 보는 방법의 이유는?

전통 명리학에서의 십신은 굉장히 중요하다. 그만큼 비중이 높다는 뜻이다. 모르면 사주 통변 자체가 안 된다. 십신이 통변에 너무 치우치다 보니 전통 명리학은 왜곡된 통변이 주(主)가 되어 학문의 중심점을 흔들어 배가 산으로 가는 오류를 만들었다. 그래서 『적천수』에서는 오행 개념을 중시하고 음양 개념을 축소시켰다. 한마디로 십신은 오행을 음양으로 나눈 것인데, 십신도 중요하지만 오행의 개념과 음양의 구별에 의미를 더해 논리가 왜곡되지 않는 통변이 되게 만들었다. 논리를 정의한 것으로 보면 된다. 원리를 깊게 알지 못하면 장점보다는 단점으로 보이게 된다. 전통 명리학의 십신(十神)은 비견(比肩), 겁재(劫財), 식신(食神), 상관(傷官), 정재(正財), 편재(偏財), 정관(正官), 편관(偏官), 정인(正印), 편인(偏印)이다. 『적천수』의 이론은 십신(十神)을 오행(五行)으로 축소했다. 오행(五行)은 비겁(比劫), 식상(食傷), 재성(財星), 관성(官星), 인성(印星)으로 표현한다. 도교 명리학도 음(陰)과 양(陽)의 구별이 없다. 아마 육효(六爻)의 이론이 가미되어 있는 흔적인 것 같다. 도교 명리학은 오행(五行)을 기본으로 십신(十神)을 응용하여 쓰고 있다. 사주란 지구의 회전 방향을 오행(五行)으로 표현한 것이다.

오행(五行), 동(東) → 서(西) 방향이 자연스럽게 흘러간다.

상생(相生)

木 生 火 生 土 生 金 生 水 生 木 生 火 生 土 生 金 生 水 生 木 生 火 生 土 生 金 生 水 生 木 生 火 生 土 生 金 生 水 生 木 生 火 生 土 生 金 生 水 生 木 生 火 生 土 生 金 生 水 生 木 生 火 生 土 生 金 生 水 生 木 生 火 生 土 生 金 生 水 生 木 生 火 生 土 生 金 生 水 生 木 生 火 生 土 生 金 生 水 生 木 生 火 生 土 生 金 生 水 生 木 生…

월령(月令)을 중심으로 하여 木일간 기준으로 살펴본다면,

木(比劫), 火(食傷), 土(財星), 金(官星), 水(印星).

火일간 기준으로 살펴본다면 木(印星), 火(比劫), 土(食傷), 金(財星), 水(官星).

土일간 기준으로 살펴본다면 木(官星), 火(印星), 土(比劫), 金(食傷), 水(財星).

金일간 기준으로 살펴본다면 木(財星), 火(官星), 土(印星), 金(比劫), 水(食傷).

水일간 기준으로 살펴본다면 木(食傷), 火(財星), 土(官星), 金(印星), 水(比劫).

오행(五行)을 표시할 수 있다.

木, 火, 土, 金, 水. 오행(五行)의 음양(陰陽)을 나누어 십신(十神)을 만들었다.

전통 명리학의 관점 : 십신(十神)은 비견(比肩), 겁재(劫財), 식신(食神), 상관(傷官), 정재(正財), 편재(偏財), 정관(正官), 편관(偏官), 정인(正印), 편인(偏印)이다. 『적천수』 관점 : 오행(五行)은 비겁(比劫), 식상(食傷), 재성(財星), 관성(官星), 인성(印星). (밑의 도표 참고)

편인	비견	정재	정재
乙	丁	庚	庚
巳	卯	辰	戌
겁재	편인	상관	상관

오행(五行)으로 보면 정화일간에서(丁火 일간)

木(印星) 火(比劫) 土(食傷) 金(財星) 水(官星)

印星	比劫	財星	財星
乙	丁	庚	庚
巳	卯	辰	戌
比劫	印星	食傷	食傷

십신(十神)을 (비견, 겁재), (식신, 상관), (정재, 편재), (정관, 편관), (정인, 편인) 五行(비겁, 식상, 재성, 관성, 인성)으로 축소한 적이 있었다. 십신(十神)으로 사주를 논하는 시대가 너무 오래 지속되다 보니, 사주팔자를 십신(十神)으로만 논하는 폐단이 생겨났다.

오행(五行), 동(東) → 서(西) 방향이 자연스럽게 흘러간다.

木 → 火 → 土 → 金 → 水 → 木 → 火 → 土 → 金 → 水 → 木 → 火 → 土 → 金 → 水 →木 → 火 → 土 → 金 → 水 → 木 → 火

→ 土 → 金 → 水 → 木 → 火 → 土 → 金 → 水 → 木 → 火 → 土 → 金 → 水.

木	火	金	金
火	木	土	土
火生木 木剋土 土冲土			

둘째, 잡다한 신살을 배격하라고 한 이유는?

필자는 전통 명리학에서 쓴 신살, 공망, 태원, 반합, 명궁, 장간 등은 근본 사주팔자가 스스로 가지고 있는 규율이 아니라고 본다. 오히려 그것은 사람들이 사주를 다 푼 다음에, 사주풀이를 쉽게 통변하기 위하여 실제 정황에다 맞추기 식으로 만들어낸 지팡이와 같은 도구일 것이라고 생각한다. 충만 인정하고 형, 파, 해를 무시했으며, 천을귀인 등을 무시했다. 신살과 잡격을 배격하고(충만 인정하고 형파를 무시, 천을귀인 등 무시) 무시한 이유의 신살(神殺)이란, 인오술(寅, 午, 戌) 火命 기준으로 寅(지살), 卯(년살, 도화살), 辰(월살), 巳(망신살), 午(장성살), 未(반안살), 申(역마살), 酉(육해살), 戌(화개살), 亥(겁살), 子(수옥살), 丑(천살), 丑寅午(탕화살), 홍염살 등 무수히 많다.

셋째, 전통 명리학의 육친론(六親論)을 육효(六爻) 육친론(六親論)으로 환원시켰다.

남녀 모두 부모(父母)를 인성(印星)으로 부효(父爻)로 보았고, 자녀를 식상(食傷)으로 손효(孫爻)로 보았다. 전통 명리학의 부친은 재성(財星)으로 본다. 남자 사주에서 자식은 관성(官星), 여자 사주에서는 식상

(食傷)이다. 통변에서 살펴보면 사주원국의 중심점(태극점)을 찾아 육효(六爻)에서 응효(應爻)를 찾는 것과 같은 의미를 가진다. 육친론(六親論)을 육효 육친론으로 쓴 이유는, 육친론을 살펴보면 음양오행으로 분류해서, 나름 기준 삼아 다른 글자들과의 관계를 형성하여 육친으로 정한다. 생극제화(生剋制化)를 우선으로 하며 목(木), 화(火), 토(土), 금(金), 수(水), 음양오행으로 분류해 생(生)하고 극(剋)하는 관계로 육친(六親)을 배열시킨다. 육친은 나를 기준으로 나를 생(生)해주는 것을 인성(印星), 내가 생(生)해주는 것을 식상(食傷), 내가 극(剋)하는 것을 재성(財星), 그리고 나를 극(剋)하는 것을 관성(官星), 나와 같은 것을 비견(比肩)이라 한다. 십신(十神) 정인, 편인, 비견, 겁재, 식신, 상관, 정재, 편재, 정관, 편관이라고 한다.

육효 육친론을 간단히 살펴본다면 아래와 같다.

형(兄) : 형제, 친구, 동료, 대리인, 도적

손(孫) : 자식, 제자, 종업원, 농산물, 축산물

재(財) : 처, 재, 형수, 제수, 기량, 재주

관(官) : 관청, 남편, 명예, 공명, 질병, 귀신

부(父) : 문서, 서류, 부모, 공부, 장모, 장인, 차, 배

넷째, 전통 명리학의 잡격을 무시하고 종화론(從化論) 종상(從象)이 나타난 구조는 무엇인가?

전통 명리학의 격국(格局) 정하는 법을 간단히 살펴보면, 일반 격국·정격(正格), 내격(內格), 정팔격(正八格), 십정격(十正格) 등의 명칭을 갖고 있다. 오행의 균형, 강약의 균형, 기후의 균형을 중시한다. 특별 격국·변격(變格), 외격(外格), 잡격(雜格) 등의 명칭을 갖고 있다. 강한 오행의 기세를 따라간다. 격국을 정할 때는 반드시 먼저 그 사주

가 특별 격국에 속하는지를 살펴보고, 특별 격국이면 그에 맞게 용신을 정하고, 특별 격국이 아닐 경우에 비로소 일반 격국으로 판단하고 일반 격국의 용신을 정하는 일반 법칙에 따라 용신을 정한다.

특별 격국의 종류를 살펴본다면, 특별 격국 외격(外格)

1. 陽刃格과 建祿格(정통학설, 최근에는 정격에 편입시키는 추세).

2. 專旺格(일명 一行得氣 격 또는 獨象이라고 하며 곡직인수격〔曲直印壽格〕, 염상격〔炎上格〕, 가색격〔稼穡格〕, 윤하격〔閏下格〕, 종혁격〔從単格〕의 5종류가 있음).

3. 化氣格(일명 合化格. 化木格, 化土格, 化金格, 化水格, 化火格의 5종류가 있음)

4. 從格(寄命從格. 종관살격, 종재격, 종아격(從兒格), 從勢格, 從强格, 從旺格, 從氣格, 兩神成象格 등)

잡격(雜格) 임기용배격, 비천녹마격, 도충격 등 수십 가지나 된다. 『적천수』가 편찬된 시대적 배경에 잡다한 신살과 잡격의 해석에 학자들이 치우쳐 있었을 것이다. 잡격과 신살에 치우쳐서 사주를 감명하는 방법을 조심하라는 뜻으로 배격하라고 했을 것이다. 중국 사상의 특징은 자신을 낮추고 가탁으로 윗사람을 받든다. 작자가 정확하지 않은 이유와 혁신적인 이론 등으로 『적천수』 이론은 그 시대상 받아지기 힘든 혁신적인 이론이라고 필자는 생각한다.

임철초(壬氏主) 曰 『적천수 천미』에서 4종격은 다른 서적에는 싣지 아니한 것으로 종왕(從旺), 종강(從强), 종기(從氣), 종세(從勢)의 이치도 있는데, 종재관(從財官)에 비하여 더욱 추산하기 어려우니 마땅히 심찰(審察)하라. 이 네 가지의 종(從)은 저서에 아직 실린 바가 없고 내가 세운 학설인데, 시험해보면 확실하고 허언(虛言)이 아니다.

종왕(旺), 종강(强), 종기(弱), 종세(勢)를 알아보자.

잡격을 무시하고 4가지 종화론의 구조를 살펴보면, 從得眞者只論從(종득진자지론종), 從神又有吉和凶(종신우유길화흉), 化得眞者只論化(화득진자지론화), 化神還有幾般話(화신환유기반화), 眞從之象有幾人(진종지상유기인), 假從亦可發其身(가종역가발기신), 假化之人亦可貴(가화지인역다귀), 孤兒異性能出類(고아이성능출류).

종화론 글자는 몇 자 되지는 않지만, 전통 명리학의 기존 정설인 격국론을 무시했다. 임철초의 『적천수 천미』(1848)는 경도가 저술한 원문에 유성의가 주석한 원주에 또 다시 임철초가 새롭게 주석한 증주로 이루어져 있다. 중화민국 22년, 서기 1933년. 원수산과 형원주인 손 씨가 간행했다(원수산 교정, 출판). 도교 명리학에도 4격 보는 방법이 있다. 형태는 비슷하다. 역시 독자들이 판단해서 취하고 버릴 건 버려야 할 문제이다.

『적천수』의 체용(體用: 格用)을 설명하면 다름과 같다.

체(體)란 형상기국(形象氣局)을 일컫는다. 체=격. 만약 일주가 힘을 쓸 수가 없고 다른 천간과 합화(合化)하여 진정한 화(化: 化氣格)가 되었다면, 화신이 체(體: 격)가 되는데, 화신이 남음이 있은즉 화신을 설(洩)기하는 신(洩化神之神)으로 용신(用神)을 삼고, 화신(化神)이 부족하면 화신을 생조하는(生助化神之神) 용신을 삼는다. 화기격이 방국(方局)을 이루고 곡직(曲直) 등의 다섯 가지 격(格)이 성립되면 일주(日主)가 원신(元神)이 된다. 그런즉 격상(格象 : 격국의 형상)이 체(體)가 되고, 기상(氣象)을 생조하는 것이 용(用)이 된다. 체=격, 체, 형상, 기국, 방국, 격상, 기상, 이런 것은 사주의 골격이 되는 것이다. 골격이 정해지면 사주의 문제점을 해결하는 용신이 나타나게 된다. 사주의 기본 골격을 격(格) 또는 격국(格局)이라 한다. 임철초의 4종격(적천수천미) 종(從)을 하는 형상, 일간(日干)이 외롭고 재(財), 관(官), 식상(食傷)이 왕(旺)하면 종관살(從官殺), 종재(從財), 종식상(從食傷)이 된다.

종왕(旺)격은 사주(四柱)에 모두 비겁(比劫)이고 관살(官殺)의 제(制), 극(剋)이 없고 인수(印綬)만 있으면서 생(生)하면 왕(旺)함이 극(剋)에 달하니, 그 종(從)하는 것이다. 사주가 모두 비겁인데 관살의 제(制)어가 없고 인수(印綬)의 생이 있으면 왕하기가 극(剋)에 달한 셈이니, 그 왕한 글자의 오행(五行)을 따른다. 이런 경우에 운(運)은 인성(印星)이나 비겁으로 가는 것이 길(吉)하다. 사주 내에 인성(印星)이 약(弱)하면 식상(食傷)의 운(運)도 좋다. 관살(官殺)의 운은 왕신을 극하니 흉(凶)함이 그 자리에서 발생하며, 재성(財星)의 운을 만나면 군비쟁재(群比爭財)가 발생하니 열에 아홉은 망한다고 하겠다.

종강(强)자는 사주에 인수가 중중하고 비겁이 첩첩이고 일주(日主)는 당령(當令)했는데 재성(財星)은 절무(絶無)하고 관살(官殺)은 털끝만큼도 없다면, 이른바 2人 동심으로 강(强)함이 극에 달한 것이다.

종기(弱)자는 재관(財官)이나 인수(印綬), 식상(食傷)등 유(流)를 불론(不論)하고 기세가 목(木), 화(火), 운(運)으로 운행하여야 하고, 기세가 금수(金水)에만 있을 때는 행운이 금수(金水)로만 운행하여야 길(吉)하며 이와 반대면 흉(凶)하다.

종세(勢)자는 일주(日主)가 무근(無根)하고 사주에 재관(財官), 식상(食傷)이 함께 왕(旺)하여 강, 약을 분별할 수 없으며, 또 비겁이나 인수가 일주를 생(生), 부(父)함이 없고 또 어느 한 신으로 종(從) 할 수도 없다.

다섯째, 수토동궁설(水土同宮說)과 화토동궁설(火土同宮說)의 간명 기법과 통변 기법은 무엇인가? 수토동궁설은 한나라 때 동중서가 『춘추번로』에서 화토동궁설을 주장하기 전에 유행했던 학설이다. 사주명리학에서는 두 가지 학설이 혼합되어 있는데, 다수설은 화토동궁설이다. 申金과 亥水의 지장간(地藏干)에 戊土가 들어 있다는 설은 수토동궁설의 흔적이라고 볼 수 있다. 지장간(地藏干) 학설과 12포태(胞胎) 학설에서 戊土는 녹(祿)이 巳火에 있고, 己土는 녹이 午火에 있다고 보는데, 이것은 토(土)가 화(火)에 기생하여 존재하는 것으로 보는 입장에서 생겨난 이론이다. 다시 말한다면, 戊土는 丙火을 좇아 寅에서 장생해서 巳火에서 녹(綠)이 되고, 己土는 丁火을 좇아 午火가 녹(綠)이 된다는 것이다. 이것을 화토동궁설이라고 한다. 반대로 토(土)가 수(水)를 좇아 장생하는 지지(地支)에서 함께 장생하고, 수(水)가 녹(綠)을 얻는 지지에서 함께 녹(綠)을 얻는다는 주장도 있다. 이것을 수토동궁설이라고 한다.

命理學(干支)론	
현대 명리학	도교 명리학
화토동궁설 (火土同宮說)	수토동궁설 (水土同宮說)
천간(天干)론	지지(地支)론

명리학은 간지(干支)론을 위주로 보는 학문이다. 도교 명리학도 간지(干支)론을 통한 운명을 추론하는 학문이다. 현대 명리학이 천간(天干)론을 중심으로 화토동궁설을 본다면, 도교 명리학은 지지(地支)론을 중심으로 수토동궁설을 보며 운명의 길흉화복(吉凶禍福)을 추론하는 학문이다.

도교 명리학 이론은 용신(用神)과 기신(己神)을 찾는 부분부터 시작한다. 수십 년간 명리학(命理學)을 접한 분들도 용신(用神)과 기신(己神)을 찾는 부분이 힘들다면, 기본에서 왕쇠강약(旺衰强弱)을 놓쳤다는 뜻이다. 사주원국(四柱遠國) 팔자(八字)에 일간이 월령(月令)을 얻어서 신강(身强)하면 재(財)가 꼭 있어야 성격(成格)이고, 신약(身弱)일 때는 재가 있으면 파격(破格)이다. 신강한데 재가 없으면 파격이고, 신약(身弱)한데 재(財)가 없으면 성격이다. 기본적 이론을 알고 팔자를 논해야 한다. 물론 통근(通根)의 중요성을 잊으면 절대로 안 된다(도교 명리학의 용신(用神)은 유용지신을 말한다).

月令 기준　天干 甲木(財星)

水 印星			木 比劫			火 食傷			金 官星		
亥	子	丑	寅	卯	辰	巳	午	未	申	酉	戌
强		癸 辛 己	强		乙 癸 戊	弱		丁 乙 己	弱		辛 丁 戊

月令 기준　天干 乙木(財星)

水 印星			木 比劫			火 食傷			金 官星		
亥	子	丑	寅	卯	辰	巳	午	未	申	酉	戌

强	癸 辛 己	强	乙 癸 戊	弱	丁 乙 己	弱	辛 丁 戊

전통 명리학 목(木)의 일간(日干)을 살펴보자. 갑목(甲木)과 을목(乙木의 운동 방향을 본다면 木生火, 火生土, 土生金, 金生水, 水生木. 오행(五行)이 동쪽 방향에서 서쪽 방향으로 자연스럽게 흘러간다. 목(木)의 일간(日干)에서 월령(月令)으로 丑, 辰, 未, 戌 = 토성(土星)을 봤다면, 십신(十神)으로 표현한다면 재성(財星)으로 볼 수 있다. 목(木)의 일간(日干)에서 토(土)가 재성(財星)인데, 과연 토를 다 똑같은 재성(財星)으로 볼 수 있을까? 물론 십신(十神)을 음(陰)과 양(陽)으로 구분한다면, 정재(正財)와 편재(偏財)로 구분할 것이다. 토(土)를 재성(財星)이라 표현한다. 토가 다 똑같을까? 목(木)의 일간(日干)에서 토의 월령은 방합의 합국으로 인묘진, 사오미, 신유술, 해자축토로 나눌 수 있다. 토가 목(木)을 극(剋)하기 힘들다. 극(剋)을 당할 뿐이다. 하지만 목(木)이 양반이라면 토(土)는 하인이다. 辰土와 丑土는 水 기운이 많은 土에 木이 좋아하는 습기의 촉촉한 土이며, 未土와 술토는 火기운이 많은 마른 土에 비유해도 될까. 木의 일간이 월령 土를 보니 十神으로 財星이다. 剋한다. 생각해보자. 월령 土는 木의 日干을 강하게 하는지 약하게 하는지를 살펴보지 않을 수 없다. 『난강망』이 발단한 이유는 木의 일간 때문이다. 그러나 『난강망』이 명리학자에게 논란의 중심이 되는 이유 또한, 타 일간을 억지로 계절 오행에 끼워 맞춘 이론에 무리가 있었기 때문이라고 본다.

月令 기준　　天干 丙火(食傷)

水 官星			木 印星			火 比劫			金 財星		
亥	子	丑	寅	卯	辰	巳	午	未	申	酉	戌
弱		癸 辛 己	强		乙 癸 戊	强		丁 乙 己	弱		辛 丁 戊

月令 기준　　天干 丁火(食傷)

水 官星			木 印星			火 比劫			金 財星		
亥	子	丑	寅	卯	辰	巳	午	未	申	酉	戌
弱		癸 辛 己	强		乙 癸 戊	强		丁 乙 己	弱		辛 丁 戊

전통 명리학 火 일간을 살펴보자. 丙火와 丁火을 본다면 火生土, 土生金, 金生水, 水生木, 木生火, 五行이 자연스럽게 흘러간다. 丑, 辰, 未, 戌 = 토성(土星)을 십신(十神)으로 표현한다면 식상(食傷)으로 볼 수 있다. 火의 일간에서 土가 식상(食傷)인데 과연 土를 다 똑같은 食傷으로 볼 수 있을까? 火의 일간에서 월령(月令) 未土와 戌土는 食傷이라기보다는 같은 뿌리인 丁火가 존재한다. 혹, 天干에 丙火와 丁火가 투간(透干)한다면 어찌 가볍게 食傷으로만 논할 수 있을까. 화의 세력으로는 强이나 旺으로 보지 않을 수 없다. 丑土와 辰土는 엄연히 丙火와 丁火의 힘을 빼앗는 기운이 强하니 食傷으로 논한다는 게 가능하다. 좀 더 세밀히 관찰해볼 이유가 있지 않을까. 무조건 月令에 土가 있다고 食傷으로 논한다면 대패하게 된다. 명리학은 쌍방 커뮤니케이션이요, 조화다.

月令 기준　　天干 戊土(比劫)

水 財星			木 官星			火 印星			金 食傷		
亥	子	丑	寅	卯	辰	巳	午	未	申	酉	戌
弱		癸 辛 己	弱		乙 癸 戊	强		丁 乙 己	弱		辛 丁 戊

月令 기준　　天干 己土(比劫)

水 財星			木 官星			火印星			金 食傷		
亥	子	丑	寅	卯	辰	巳	午	未	申	酉	戌
弱		癸 辛 己	弱		乙 癸 戊	强		丁 乙 己	弱		辛 丁 戊

土 日干을 살펴보자. 月令에서 戊土와 己土를 본다면 土生金, 金生水, 水生木, 木生火, 火生土. 五行이 자연스럽게 흘러간다. 丑, 辰, 未, 戌 = 土星으로 比劫 볼 수 있다. 十神으로 土가 比劫인데 과연 土를 다 똑같은 比劫으로만 볼 수 있을까? 丑土와 辰土는 水土同宮說로 봐야 하고, 未土와 戌土는 火土同宮說설로 봐야 맞다. 어떻게 丑, 辰, 未, 戌 土를 일괄적으로 똑같이 볼 수 있는가.

月令 기준　　天干 庚金(印星)

水 食傷			木 財星			火 官星			金 比劫		
亥	子	丑	寅	卯	辰	巳	午	未	申	酉	戌
弱		癸 辛 己	弱		乙 癸 戊	弱		丁 乙 己	强		辛 丁 戊

月令 기준　　天干 辛金(印星)

水 食傷			木 財星			火 官星			金 比劫		
亥	子	丑	寅	卯	辰	巳	午	未	申	酉	戌
弱		癸 辛 己	弱		乙 癸 戊	弱		丁 乙 己	强		辛 丁 戊

전통 명리학 金 일간을 살펴보자. 庚金, 辛金을 본다면 金生水, 水生木, 木生火, 火生土, 土生金. 五行이 동쪽 방향에서 서쪽 방향으로 자연스럽게 흘러간다. 丑, 辰, 未, 戌 = 土星으로 印星이라 볼 수 있다. 명리학에서 土가 印星인데 과연 土를 다 똑같은 印星으로 볼 수 있을까. 각각 멀리 떨어져 있는 土는 다 같을까?라는 의문을 가져야 된다. 金은 차가운 성분이다. 月令의 丑土月에 태어났다면 金을 土로 봐서 印星이 强하니 强이나 旺의 四柱로 볼 수 있을 것이다. 하지만 未月에 태어난 金을 强이나 旺으로 볼 수 있을 것인가?라는 의문이 든다. 나만 이렇게 생각하는가. 그럼 다시 辰月의 金일주가 强이나 旺하다면 맞는가. 또 다시 戌月 金이 强이나 旺하다면 맞는가. 우리가 얻은 답안이 유일한 정답일까. 혹, 옛날 사람들을 너무 맹신했기 때문에 오늘과 같은 일괄된 형태로 단순하게 사주풀이를 하려는 것일지도 모른다.

月令 기준　　天干 壬水(官星)

水 比劫			木 食傷			火 財星			金 印星		
亥	子	丑	寅	卯	辰	巳	午	未	申	酉	戌
强		癸 辛 己	弱		乙 癸 戊	弱		丁 乙 己	强		辛 丁 戊

月令 기준　　天干 癸水(官星)

水 比劫			木 食傷			火 財星			金 印星		
亥	子	丑	寅	卯	辰	巳	午	未	申	酉	戌
強		癸 辛 己	弱		乙 癸 戊	弱		丁 乙 己	強		辛 丁 戊

전통 명리학 水일간을 살펴보자. 壬水, 癸水를 본다면 水生木, 木生火, 火生土, 土生金, 金生水, 五行이 자연스럽게 흘러간다. 月令에서 丑, 辰, 未, 戌 = 土星을 十神으로 본다면 官星으로 볼 수 있다. 명리학 土가 官星인데 과연 土를 다 똑같은 官星으로 볼 수 있을까? 일간 水 입장에서 未土는 官星이라고 볼 수 있다. 하지만 丑土를 官星으로 볼 수 있을까? 水일간이 있고 月令 丑土에 月 天干 辛金이 떠 있다면 強과 弱으로 구분이 가는가. 官星이 月令을 잡았으니 弱하다고 읽을 것인가. 水 日主에 月令이 辰月에 天干 庚金이 떠 있다면 역시 官星이 月令을 잡았으니 弱하다고 읽을 것인가. 우리가 얻은 답안이 유일한 정답일까. 혹, 스승이 일방적으로 공식이라고 해서 너무 맹신했기 때문에 오늘과 같은 이런 환경이 조성하게 된 것일지도 모른다.

『자평진전』에서는 음양(陰陽)과 오행(五行)을 다음과 같이 설명한다. 천지(天地)에는 하나의 기(氣)가 있을 따름이다. 다만 하나의 기(氣)가 동(動)과 정(靜)이 있어서 음양(陰陽)으로 나뉘는 것이다. 음양은 각각 노소(老少)가 있으니 이리하여 사상(四象)으로 재차 나뉜다. 노(老)란 동(動)이 극에 이르고 정(靜)이 극에 이른 상태이니, 태양(太陽)과 태음(太陰)이 그것이다. 소(少)란 동(動)하기 시작함과 정(靜)하기 시작함이니, 이것이 바로 소양(少陽)과 소음(少陰)이다. 태양, 태음, 소양, 소음을 일컬어 사상(四象)이라 한다. 오행(五行)을 사상에 배치할 수 있다. 수(水)는 태음이요, 화(火)는 태양이며, 목(木)은 소양이고, 금(金)은 소음이다. 토(土)는 음양(陰陽)과 노소(老少)와 목화금수(木火金水)의 충기(冲氣)가 응결된 것이다.

1

오행론(五行論)

오행(五行)은 곧 음양(陰陽)의 질(質)이요, 음양은 오행(五行)의 기(氣)이다. 기는 질이 없으면 작용이 없고, 질은 기가 작용하지 않으면 행(行)할 수 없다.

1) 오행의 상생(相生)

생(生)은 낳는다, 도와준다는 뜻이다. 생(生)을 해주는 오행(五行)은 힘이 빠지고, 생(生)을 받는 오행(五行)은 힘을 얻게 된다. 오행의 상생(相生)은 다음과 같다.

水는 木을 生한다.

木은 火를 生한다.

火는 土를 生한다.

土는 金을 生한다.

金은 水를 生한다.

이것을 화살표로 나타내면 다음과 같다.

水 ⇒ 木 ⇒ 火 ⇒ 土 ⇒ 金 ⇒ 水

2) 오행의 상극(相剋)

극(剋)이란 공격해서 파괴한다는 뜻이다. 그러므로 극(剋)을 당하는 오행(五行)은 힘이 빠지게 되고, 극(剋)을 하는 오행도 약간은 힘이 빠지게 된다. 오행의 상극(相剋)은 다음과 같다.

水는 火를 剋한다.

火는 金을 剋한다.

金은 木을 剋한다.

木은 土를 剋한다.

土는 水를 剋한다.

오행의 상극을 화살표로 나타내면 다음과 같다.

水 ⇒ 火 ⇒ 金 ⇒ 木 ⇒ 土 ⇒ 水

① 목(木)은 仁으로

서경(書經)의 『홍범(洪範)』에는 목(木)의 성질을 곡직성(曲直性)으로 굽기도 하고 곧기도 하는 성질, 봄의 생장하는 기운을 의미로 나무에 비유, 생물로서 성장, 발육, 약진, 곡직의 기운으로 봄이요, 동쪽이며 아침이고 청색이며, 맛으로는 신맛이고, 인성(仁性)으로 인자, 측은, 정신, 의지, 의욕을 나타내며 분노요. 얼(魂)이다. 인체상은 간, 담이며 눈이고 근육이며, 팔과 다리이고, 두뇌와 신경계통이다. 소리는 목소리요, 바람(風)을 나타낸다.

② 화(火)는 禮로

서경(書經)의 『홍범(洪範)』에는 염상성(炎上性)으로 물건을 태우며 위로 올라가는 성질을 말하며. 여름의 팽창과 확산의 기운으로 불에 비유, 물질의 성장을 증폭, 번창, 정화, 열정, 염상의 기운으로 여름이요. 남쪽이며, 낮이고 적색이며, 쓴맛이고 예성(禮性)으로 예의, 명랑, 화려한, 수식을 나타내며, 환희요, 빛이다. 인체상은 심장, 소장, 삼초, 어깨, 혀이고 혈맥, 순환계통이다. 소리로는 혓소리이다. 더위(署火)이다.

③ 토(土)는 信으로

서경(書經)의 『洪範』에는 가색성(稼穡性)으로 식물을 자라게 하고 열매를 맺게 하는 성질, 사계절의 중재자로서 흙에 비유한 기운 조화를 관장한다. 번식, 수용, 합장, 가색의 기운으로 사계 월이요. 중앙 사이(間)이다. 황색이며 단맛이고, 신성(信性)으로 신용, 중후, 조화, 균형, 안정을 나타내며 사념이요, 뜻(意)이다. 인체상은 비, 위, 피부, 살, 입이고, 소화기 계통이다. 소리는 콧소리요 젖음(濕)이다.

④ 금(金)은 義리로

서경(書經)의 『洪範』에는 종혁성(從革性)으로 주변 상황에 따라 변화하는 성질과 가을의 절제와 숙살(肅殺)의 쇠(金)에 비유한 기운, 억제와 결실에 작용, 강요, 숙살, 종혁의 기운으로 서쪽의 방위이며, 시간은 저녁을 나타내고 흰색이며, 매운 맛이며 정의, 결단, 심판, 혁신, 냉혹함을 나타내며, 비애요 넋(魂)이다. 인체상은 폐, 대장, 코, 골격, 치아이고 호흡기 계통이다.

⑤ 수(水)는 智혜로

서경(書經)의 『洪範』에는 윤하성(潤下性)으로 만물을 적셔서 윤택하게 하고 높은 곳에서 낮은 곳으로 흐르는 성질과 겨울의 차가운 기운으로 물에 비유한 기운을 말하며, 거두고 저장하는 작용을 말한다. 운동, 변화, 수렴, 윤하의 기운으로 겨울이요 북쪽이며 밤이다. 흑색이며 짠맛이고 지성(智性)으로 지혜, 총명, 시비, 분별 판단을 나타낸다. 인체상은 신장, 방광, 골수, 수액, 귀이고 비뇨기 계통이다. 소리는 입술의 소리요. 추위(寒)를 나타낸다.

2

십간(十干)

갑(甲), 을(乙), 병(丙), 정(丁), 무(戊), 기(己), 경(庚), 신(辛), 임(壬), 계(癸)를 말하며 십간(十干) 또는 십천간(十天干)이라고 칭하며 木, 火, 土, 金, 水의 五行을 天干에 배속하여 음(陰)과 양(陽)으로 나눈다.

가) 甲木

첫 번째 천간이다. 음양으로는 양에 속하고 오행으로는 木에 속한다.

한자로는 갑옷 갑(甲), 껍질 갑(甲), 첫 번째 갑(甲), '큰 나무'이다. 지도자적인 요소를 지니고 있다. 씨앗이 벌어지고 싹을 내며 뿌리를 뻗어 씨와 껍질이 나누어지는 모양 - 설문해자(說文解字)에서 방위로는 동쪽(東), 오행으로는 나무(木), 소나무, 전나무, 높이 뻗은 거목. 계절로는 봄(春), 성장 환경을 중시함(중요함), 음양으로는 양(陽). 갑목으로 큰 나무에 비유 목조 건축물, 강목(岡木), 木 林 木, 동량지목(棟梁之木)의 의미이다. 나무가 성장하듯 상향으로 성장하려는 의지와 따뜻한 기운을 가지고 있다. 책임감이 강하고 우두머리 기질을 가지고 있다. 정신적인 면을 중시하여 체면과 명예와 자존심 등에 더욱 가치를 두게 되며, 자신의 최고의 위치에 서고 싶은 강한 욕심을 드러내기도 한다.

나) 乙木

두 번째 천간이다. 음양으로는 음에 속하고 오행으로는 木에 속한다.

한자로는 새을 을(乙), 뻗을 을(乙), 굽을 을(乙), 둘째 을(乙), '꽃나무'이다. 가정(집안)과 인연이 깊다. 땅속에서 음을 튼 새싹이 땅위로 솟아오르는 모습이다. - 설문해자(說文解字), 방위로는 동쪽(東)이며, 오행으로는 나무(木), 습목(濕木)으로 환경 적응력과 착근력(着根力)이 뛰어나고 목적을 달성하려는 화초목과 덩굴식물을 말한다. 계절로는 봄(春), 화초, 잔디, 새싹, 잡초, 덩굴식물 등 살아 있는 모든 초목. 음양으로는 음(陰), 을목은 음목으로는 분류하지만 본성이 양이어서 긍정적, 미래지향적이며, 또한 스스로 착근하려는 의지가 강한 편이다. 을목(乙木)은 이제 막 돋아나는 작은 새싹이나 나무덩굴로, 여리고 약하며 정(情)을 좋아하며 소녀 같은 마음이 있다. 새싹이 나오는 모양이 새와 흡사하며 강인한 생명력과 추진력이 특징이다.

다) 丙火

세 번째 천간이다. 음양으로는 양에 속하고 오행으로는 火에 속한다.

한자로는 남녘 병(丙), 나올 병(丙), 셋째 병(丙), 불 병(丙), '태양'이다. 현실세계를 의미한다. 땅속 안(內)에서 밖(外)으로 나온 모양이다. - 설문해자(說文解字). 방위로서는 남쪽, 오행으로 불(火) 원칙과 소신이 분명하고 열정적이며 감정을 솔직하게 표현하는 타입이다. 계절로는 여름(夏), 음양으로는 양(陽). 병화(丙火)는 하늘의 강한 빛과 뜨거운 열기를 발산하는 태양을 상징한다. 병화는 陽 중의 陽이기 때문에 甲木보다 더욱 정신적인 면에 가치를 두게 되어 체면과 자존심, 명예 등을 중시한다. 강렬한 빛을 발산하고 뜨거운 열기를 드러낼 때가 병화다운 모습이다. 원석을 제련하고 가공해서 보석이나 각종 연장 등으로 사용하도록 태양에 비유하며, 기후에 작용력이 강하다. 세상을 밝게 비추어주고 있듯이, 그 성격이 밝고 정직하며 정열적이다.

라) 丁火

네 번째 천간이다. 음양으로는 음에 속하고 오행으로는 火에 속한다.

한자로는 고무래 정(丁), 장정 정(丁), 일꾼 정(丁), 천간 정(丁), '별'이나 '달', '가로등'과 같다. 이상세계를 의미한다. 식물이 자라서 구부러진 모양을 나타낸다. - 설문해자(說文解字). 방위로는 남쪽, 달과 별, 촛불. 오행으로는 불(火)화, 계절로는 여름(夏) 따뜻하다, 포근하다, 아늑하다, 온화하다 등의 표현은 물적(物的)이기보다는 기적(氣的)인 의미가 더 강하다. 음양으로는 음(陰) 화이기 때문에 병화보다는 현실적이며, 실리적이며, 계산적, 계획적 생활태도와 관성(官星)을 의식하는 행동을 보인다. 정화(丁火)는 촛불, 모닥불, 난롯불, 등불, 전깃불, 각종 불빛, 조명, 쇠를 녹이는 불이 여기에 속한다. 정화(丁火)는 실용적인 불(火)이므로 무엇인가 창조하려는 창조정신과 실용적인 면이 강하다. 일의 추진에 있어 따를 사람이 없다. 겉은 온화하나 내면은 강하다.

마) 戊土

다섯 번째 천간이다. 음양으로는 양에 속하고 오행으로는 土에 속한다.

한자로는 다섯 번째 천간 무(戊), 무성할 무(戊), '밭'과 같다. 식물이 부쩍 자란 모습이다(무성하다). - 설문해자(說文解字). 방위로는 중앙(中央), 감추는 모습이다. 표현하지 않는 모습이다. 알 수 없는 모습이다. 오행으로는 흙(土)과 황무지, 메마른 고원, 고산지대, 목이 생장하기 힘든 부적절한 땅, 둔덕(야산), 제방, 댐, 넓은 들판(땅) 등을 말한다. 계절과 계절의 중간에서 계절을 조절하는 중간자적 역할을 한다. 음양으로는 양(陽)으로, 무토는 원칙과 소신을 바탕으로 한 행동을 보이고 명예를 소중히 하며 자신의 위치를 지키려는 면이 강하다. 토는 목의 생육을 담당하므로 관성(官星)에 더욱 가치를 두게 된다. 무토(戊土)는 큰 산을 의미한다.

바) 己土

여섯 번째 천간이다. 음양으로는 음에 속하고 오행으로는 土에 속한다.

한자로는 몸 기(己), 다스릴 기(己), 여섯 번째 천간 기(己), '정원'과 같다. 무성하게 자란 모습 조금씩 굽혀지는 모양 - 설문해자(說文解字). 방위로는 중앙(中央), 중재자의 역할이 강하다. 음토란 목(木)이 생장하기에 좋은 조건을 갖춘 땅. 오행으로는 흙(土)과 초원지대, 문전옥답, 들판 등 木이 생장하기에 적당한 땅과, 계절과 계절의 중간에서 계절을 조절하는 중간자적인 역할을 한다. 음양으로는 음(陰)을 말하며, 무토에 비해 현실적이다. 계산적이며, 계획적인, 속을 감추는 모습, 차분하고 감정을 드러내지 않고 비겁할 때 비겁할 줄 아는 사람이다. 주변의 환경을 의식하고 변화를 꺼리는 편이다. 기토(己土)는 비습하고, 논밭처럼 기름진 땅을 의미한다. 기토는 전통을 중시하고 타인에 대한 자기중심이 강하다.

사) 庚金

일곱 번째 천간이다. 음양으로는 양에 속하고 오행으로는 金에 속한다.

한자로는 일곱 번째 천간 경(庚), 나이 경(庚), 고칠 경(庚), 클 경(庚), '큰칼'과 같다. 익은 것을 창고(广) 안으로 들여(入)놓는 모습 - 설문해자(說文解字), 방위로는 서쪽(酉)이며, 순발력과 민첩성은 부족하지만 의롭고 의지가 굳으며 결단성이 있다. 오행으로는 쇠(金)의 의미로 무쇠, 강철, 큰칼, 바위, 가공하지 않은 원석(原石), 척박한 땅(金), 계절로는 가을(秋), 금의 계절이다. 심성이 곧으며 순수하고 마음은 여리다. 음양으로는 양(陽), 금도 주변 환경에 의해 음의 금으로 변한다. 경금(庚金)은 원석 자체, 다듬어지지 않은 쇳덩어리, 원석 등을 말한다. 경금(庚金)은 순박함이 있는 반면에 권력에 대한 욕망이 강하다. 주변의 간섭과 통제를 자연스럽게 수용하고 명예를 소중히 하며, 틀을 벗어나는 행동을 하지 않는다.

아) 辛金

여덟 번째 천간이다. 음양으로는 음에 속하고 오행으로는 金에 속한다.

한자로는 매울 신(辛), 괴로울 신(辛), 독할 신(辛), 여덟째 천간 신(辛) '작은 칼'과 같다. 맛이 매운맛이다. 꼬챙이로 찔러 맵게 한다는 뜻 - 설문해자(說文解字), 방위로는 서쪽이다. 계절로는 가을이며, 오행으로는 쇠(金), 보석, 연장, 각종 생필품, 작은 칼 등, 제련 가공된 금석(金石)을 말한다. 음양으로 음(陰)이고, 음(陰)의 금은 생필품이나 각종 연장 또는 보석이기 때문에 사용하지 않으면 아무 가치가 없다. 신금(辛金)은 다듬어진 쇠붙이, 차갑고 날카로운 면도 있지만 온

순하고 부드러운 편이다. 신금(辛金)은 예민한 경향을 가지고 있으며, 정밀한 분야에 매우 적합하다. 정신력과 자기중심이 강하고, 때로는 자기의 가치를 인정받고 싶어 하는 경향이 강하다. 야당적인 성향을 많이 가지고 있다.

자) 壬水

아홉 번째 천간이다. 음양으로는 양에 속하고 오행으로는 水에 속한다. 한자로는 아홉째 천간 임(壬), 간사할 임(壬), 오뚝할 임(壬), 클 임(壬). '강물'과 '호수'로 비유할 수 있다. 잉태하여 오뚝해진 배의 모양이다. 배가 불러진 모양 - 설문해자(說文解字), 방위로는 북쪽이다. 계절로는 겨울(冬)이며, 오행으로는 물(水)이다. 강, 호수, 바다, 넓은 하천 등을 총칭한다. 음양으로는 양(陽)이다. 유연성과 융통성, 포용력이 있고, 마음이 넓고 속이 깊은 사람이며, 이해심과 배려심 그리고 겸손함이 남다르다. 임수(壬水)는 감정의 기복과 변화, 변덕이 심하고 속마음을 알 수 없다. 임수(壬水)는 큰물이 많은 생명체를 포용하며 살게 하듯이 마음이 넓고 크나, 때에 따라서는 냉혹하며 질투심이 강한 측면이 있다. 수(水)의 특성상 역마성이 있다.

차) 癸水

열 번째 천간이다. 음양으로는 음에 속하고 오행으로는 水에 속한다.

한자로는 열째 천간 계(癸), 끝 계(癸), '시냇물'이나 '샘물'과 같다. 화살이 날아와 끝난다는 모습의 의미이다(죽음). - 설문해자(說文解字), 방위는 북쪽이다. 계절로는 겨울(冬)이며, 생명수이다. 오행으로는 물(水)이다. 석간수, 계곡물, 시냇물, 단비, 이슬비, 음용수, 그리고 이

슬, 안개 등으로 응용할 수 있다. 음양으로는 음(陰)수로서 智의 덕목을 가졌다고 볼 수 있다. 계수(癸水)는 주변을 의식하고 영향을 많이 받는 편이다. 계수(癸水)는 계절에 따라 성인군자가 되기도 하지만, 냉혹한 사람이 되기도 한다. 때로는 차갑고 속을 알 수 없는 행동을 일삼기도 한다. 땅속에 스며드는 생명수이며 인간을 상징한다. 절처봉생(絶處逢生)의 기질이 있어 위기나 악운에 강하다.

天干	甲	乙	丙	丁	戊	己	庚	辛	壬	癸
陰陽	陽	陰	陽	陰	陽	陰	陽	陰	陽	陰
五行	木		火		土		金		水	
相生	木生火		火生土		土生金		金生水		水生木	
相剋	木剋土		火剋金		土剋水		金剋木		水剋火	

3
십이지(十二支)

사계절(四季節) : 춘하추동(春夏秋冬)

인묘진(寅卯辰) : 봄(東方) : 봄에 싹이 돋아 왕성하게 성장(유, 소년기)

사오미(巳午未) : 여름(南方) : 성장한 초목은 꽃이 피고 결실(청년기)

신유술(申酉戌) : 가을(西方) : 결실을 맺고 수확한 곡식이나 씨(중, 장년기)

해자축(亥子丑) : 겨울(北方) : 곡식을 저장, 보관. 봄이 되어 다시 파종(노년기)

1) 천간(天干), 지지(地支)

甲. 갑목(편재적 성향). 물질을 중시하나 집착하지는 않는다. 자존심이 강하다.

감지력(感知力, 느껴서 아는 힘)이 강하다. 성격은 외향적이다.

乙. 을목(정재적 성향). 욕망이 강하고 의지가 우유부단하며 현실적이다. 공리심이 강하고 갑목에 비해 좀 온화한 편이다.

丙. 병화(편관적 성향). 권위성이 있으며 예의를 지킨다. 무엇이든지 맡은 바 불요불급(不要不急)의 정신이 강하다.

丁. 정화(정관적 성향). 이성적이면서도 전통성을 지킨다. 공익에 관심이 많으며 금전에 대한 추구가 떨어진다.

戊. 무토(편인적 성향). 물질을 추구하나 집요하지 않고 고집이 세며, 남을 간섭하거나 남이 간섭하는 걸 아주 싫어한다.

己. 기토(정인적 성향). 모친과 같은 선량한 성격이다. 종교적인 편향이 있고 인자하면서도 고집에서는 결함이 문제다.

庚. 경금(비견적 성향). 성격이 확실히 세다. 강인하다. 하지만 사납지는 않다. 덤비지 않는다. 경찰, 검사, 판사 등의 직업이 좋다.

辛. 신금(겁재적 성향). 사납다. 좀 덤비는 성격이다. 하지만 경우는 밝다. 간섭하기를 좋아한다. 정치, 조종하려는 욕구가 강하다.

壬. 임수(식신적 성향). 사유가 밝다. 문화 예술을 즐기며 수련하는 걸 좋아한다.

癸. 계수(상관적 성향). 민감하고 생각이 자주 바뀐다. 성, 문화예술에 취향이 있고 자유, 변화, 환상을 즐긴다.

天干	甲	乙	丙	丁	戊	己	庚	辛	壬	癸
數理	3	8	7	2	5	10	9	4	1	6
季節	春		夏		四季		秋		冬	

자(子), 축(丑), 인(寅), 묘(卯), 진(辰), 사(巳), 오(午), 미(未), 신(申), 유(酉), 술(戌), 해(亥), 십이지(十二支)는 매월(月) 초에 들어 있는 24절기(節氣)를 기준으로 매월(陰曆月)을 표현한다.

· 권복예(寅 午 戌) - 지 장 화(생 왕 묘)

· 고귀간(申 子 辰) - 역 재 월(병 태 대)

· 문인액(巳 酉 丑) - 망 육 천(록 사 양)

· 수파역(亥 卯 未) - 겁 년 반(절 욕 쇠)

① 자(子) 첫 번째 지지

子 - 불도(佛道) - 천귀성(天貴星) - 자비부귀(慈悲富貴). 한자로는 아들 자, 알 자, 씨 자, 정 북쪽 방향. 子는 음양으로는 양에 속하고 오행으로는 水에 속한다. (癸) 샘물, 석간수, 냇물, 이슬, 초목의 씨앗, 인간의 정자, 난자를 의미하며, 성욕(쥐의 번식력), 여자의 자궁, 생명의 시작은 子부터 시작된다.

자귀성(子貴星) - 무리 중에 뛰어나며 성정이 밝고 환하다.

② 축(丑) 두 번째 지지

丑 - 귀도(鬼道) - 천액성(天厄星) - 간탐질고(慳貪疾苦) 한자로는 소 축, 북 동간 방향, 丑은 음양으로는 음에 속하고 오행으로는 土에 속한다. (己) 언 땅, 숙성하는 역할을 담당하는 土이다.

축액성(丑厄星) - 똑똑한 척하나 어리석다. 고단한 삶이다.

③ 인(寅) 세 번째 지지

寅 - 인도(人道) - 천권성(天權星) - 지식조지(知識操持). 한자로는 범 인, 삼갈 인, 나타날 인. 동쪽 방향, 寅은 음양으로는 양에 속하고, 오행으로는 木에 속한다. (甲) 소나무, 전나무, 큰 숲, 새싹이 돋는다.

인권성(寅權星) - 권위와 뜻을 굽히지 않는 지조가 있다.

④ 묘(卯) 네 번째 지지

卯 - 축도(畜道) - 천파성(天破星) - 탐매패괴(貪昧敗壞). 한자로는 토끼 묘, 열 묘, 정 동쪽 방향. 卯는 음양으로는 음에 속하고 오행으로는 木에 속한다. (乙) 잔디, 잡초, 화초, 덩굴식물 등이다.

묘파성(卯破星) - 모은 재산을 지키기 힘들다.

⑤ 진(辰) 다섯 번째 지지

辰 - 수라(修羅) - 천간성(天奸星) - 영쟁교활(獰猙狡猾). 한자로는 별 진, 꿈틀거릴 진, 날 신(낳다), 때 신, 동남간 방향이다. 辰은 음양으로는 양에 속하고, 오행으로는 土에 속한다. (戊) 초목의 생장에 필요한 土이다.

진간성(辰奸星) - 마음이 수시로 변하며 독함이 있다.

⑥ 사(巳) 여섯 번째 지지

巳 - 선도(仙道) - 천문성(天文星) - 안일총명(安逸聰明). 한자로는 뱀 사, 남쪽 방향, 巳는 음양으로는 음에 속하고, 오행으로는 火에 속한다. (丙) 뜨거운 열기, 뜨거운 불, 태양이다.

사문성(巳文星) - 학식과 교양이 있다.

⑦ 오(午) 일곱 번째 지지

午 - 불도(佛道) - 천복성(天福星) - 화후영화(和厚榮華). 한자로는 낮 오, 밝을 오, 정 남쪽 방향, 午는 음양으로는 양에 속하고, 오행으로는 火에 속한다. (丁) 촛불, 난롯불, 등불, 달, 별 등이다.

오복성(午福星) - 먹을 것이 창고에 차고 넘친다.

⑧ 미(未) 여덟 번째 지지

未 - 귀도(鬼道) - 천역성(天驛星) - 음암난신(陰暗艱辛). 한자로는 아닐 미, 미래 미, 남 서간 방향, 未는 음양으로는 음에 속하고, 오행으로는 土에 속한다. (己) 메마른 흙이다.

미역성(未驛星) - 일찍 타향살이를 하며 불안한 삶을 영유한다.

⑨ 신(申) 아홉 번째 지지

申 - 인도(人道) - 천고성(天孤星) - 명달자립(明達自立). 한자로는 아뢸 신, 서쪽 방향, 申은 음양으로는 양에 속하고, 오행으로는 金에 속한다.(庚) 쇠, 바위, 큰 칼

신고성(申孤星) - 육친의 복이 없다.

⑩ 유(酉) 열 번째 지지

酉 - 축도(畜道) - 천인성(天刃星) - 혼특형해(昏濁刑害). 한자로는 닭 유, 술 유, 정 서쪽 방향, 酉는 음양으로는 음에 속하고, 오행으로는 金에 속한다. (辛) 가공석, 각종 연장, 보석, 작은 칼, 송곳, 모래, 자갈, 조약돌 등이다.

유인성(酉刃星) - 용맹해서 논쟁이 끊이지 않는다.

⑪ 술(戌) 열한 번째 지지

戌 - 수라(修羅) - 천예성(天藝星) - 능위교편(能爲巧便). 한자로는 개 술, 정성 술, 잡을 술, 서북 방향, 戌은 음양으로는 양에 속하고, 오행으로는 土에 속한다. (戊) 황량한 들이다.

술예성(戌藝星) - 재주가 많으며 부지런하다.

⑫ 해(亥) 열두 번째 지지

亥 - 선도(仙道) - 천수성(天壽星) - 청한강건(淸閑康健). 한자로는 돼지 해, 끝 해, 북쪽 방향. 亥는 음양으로는 음에 속하고, 오행으로는 水에 속한다. (壬) 강, 호수, 바다, 큰 냇물 등이다.

해수성(亥壽星) - 수명을 관장하는 별이다.

2) 천간합(天干合)

① 乾命(건명)

일간(日干)이 갑(甲)목, 병(丙)화, 무(戊)토, 경(庚)금, 임(壬)수일 때, 천간(天干)에 합화(合化), 합간(合干)이 되면 剋(극)하면서 脆(취)한다.

甲己 合化 土 : 甲木이 己土를 合하여 土로 化한다.

(갑목이 기토를 剋하면서 합화한다)

丙辛 合化 水 : 丙火가 辛金을 合하여 水로 化한다.

(병화가 신금을 剋하여 합화한다)

戊癸 合化 火 : 戊土가 癸水를 合하여 火로 化한다.

(무토가 계수를 剋하면서 합화한다)

庚乙 合化 金 : 庚金이 乙木을 合하여 金으로 化한다.

(경금이 을목을 剋하면서 합화한다)

壬丁 合化 木 : 壬水가 丁火를 合하여 木으로 化한다.

(임수가 정화를 剋하면서 합화한다)

② 坤命(곤명)

일간(日干)이 을(乙)목, 정(丁)화, 기(己)토, 신(辛)금, 계(癸)수일 때, 천간(天干)에 합화(合化), 합간(合干)이 되면 剋(극)당하면서 脆(취)한다.

乙庚 合化 金 : 乙木가 庚金이 合하여 金으로 化한다.

(을목이 경금에 剋당하면서 합화한다)

丁壬 合化 木 : 丁火가 壬水를 合하여 木으로 化한다.

(정화가 임수에 剋당하면서 합화한다)

己甲 合化 土 : 己土가 甲木을 合하여 土로 化한다.

(기토가 갑목에 剋당하면서 합화한다)

辛丙 合化 水 : 辛金이 병화를 合하여 水로 化한다.

(신금이 병화에 剋당하면서 합화한다)

癸戊 合化 火 : 癸水가 戊土를 合하여 火로 化한다.

(계수가 무토에 剋당하면서 합화한다)

3) 천간록(天干祿)

본질이 같은 천간과 지지의 관계를 록(祿)이라 한다.

甲, 乙, 丙, 丁, 戊, 己, 庚, 辛, 壬, 癸 → 천간(天干)

寅, 卯, 巳, 午, 巳, 午, 申, 酉, 亥, 子 → 녹(祿)

지장간(地藏干)의 학설과 12포태(胞胎) 학설에서 戊土는 녹(祿)이 巳火에 있고, 己土의 녹(綠)이 午火에 있다고 보는데, 이것은 土가 火에 기생하여 존재하는 것으로 보는 입장에서 생겨난 이론이다. 다시 말해서 戊土는 丙火을 좇아서 寅木에서 장생해서 巳火에서 녹(綠)이 되고, 己土는 丁火을 좇아 午火가 녹(綠)이 된다는 것이다. 이것을 화토동궁설(火土同宮說)이라고 한다. 이와 반대로 土가 水를 좇아 장생(長生)하는 지지(地支)에서 함께 장생하고, 水가 녹(綠)을 얻는 지지에서 함께 녹을 얻는다는 주장이 있다. 이것을 수토동궁설(水土同宮說)이라고 한다.

4) 육합(六合)

子丑 合化 土 : 자(子), 축(丑)이 합(合)을 하여 토(土)로 화(化)한다.
(축토는 자수를 극〔剋〕하면서 합화)
寅亥 合化 木 : 인(寅), 해(亥)가 합(合)을 하여 목(木)으로 화(化)한다.
(해수는 인목을 생〔生〕하면서 합화)
卯戌 合化 火 ; 묘(卯), 술(戌)이 합(合)을 하여 화(火)로 화(化)한다.
(묘목이 술토를 극〔剋〕하면서 합화)
辰酉 合化 金 : 진(辰), 유(酉)가 합(合)을 하여 금(金)으로 화(化)한다.
(진토가 유금을 생〔生〕하면서 합화)
巳申 合化 水 : 사(巳), 신(申)이 합(合)을 하여 수(水)로 화(化)한다.
(사화가 신금을 극〔剋〕하면서 합화)
午未 合化 火 : 오(午), 미(未)가 합(合)을 하여 화(火)로 화(化)한다.
(오화가 미토를 생〔生〕하면서 합화)

5) 지장간(支藏干)

지지(地支) 속에 천간(天干)이 저장된 것을(인원〔人元〕, 지장간〔支藏干〕)이라고 한다. 그 지장간이 천간(天干)에 나온 것을 지지(地支) 속의 인원(人元)이 투출(透出) 또는 투간(透干)했다고 한다.

지지(地支), 지장간(支藏干), 月(여기, 중기, 정기)

寅, 申, 巳, 亥月(7일, 7일, 16일)

子, 卯, 酉月(10일, 20일)

午月(10일, 10일, 10일)

辰, 戌, 丑, 未月(9일, 3일, 18일)

① 子에는 壬, 癸水가 있다.

(10일, 20일)

子는 癸水의 건록지이므로 癸가 저장되어 있다.

(子는 체(體)는 양이고 용(用)은 음이다)

② 丑에는 癸水와 辛金과 己土가 있다.

(9일, 3일, 18일)

丑은 己(陰)土이고 금고(金庫)이며 癸水의 여기(餘氣)가 있다.

癸, 辛, 己 저장되어 있다.

③ 寅에는 戊土와 丙火와 甲木이 있다.

(7일, 7일, 16일)

寅은 甲木의 건록이고 丙戊가 장생하는 지지이다.

戊, 丙, 甲 저장되어 있다.

④ 卯에는 甲, 乙木가 있다.

(10일, 20일)

卯는 乙木의 건록지로 乙이 저장되어 있다.

⑤ 辰에는 乙木, 癸水, 戊土가 있다.

(9일, 3일, 18일)

辰은 戊(陽)土이고 수고(水庫)이며 乙木의 여기(餘氣)가 있다.

乙, 癸, 戊가 저장되어 있다.

⑥ 巳에는 戊土, 庚金, 丙火가 있다.

(7일, 7일, 16일)

巳는 丙戊의 건록지이고 庚의 장생지이다.

戊, 庚, 丙 저장되어 있다.

(巳는 체(體)는 음이고 용(用)은 양이다)

⑦ 午에는 丙火, 己土, 丁火의 천간이 있다.

(10일, 10일, 10일)

丁火는 己의 건록지로 丙己丁이 저장되어 있다.

(午는 체(體)는 양이고 용(用)은 음이다)

⑧ 未에는 丁火, 乙木, 己土 천간이 있다.

(9일, 3일, 18일)

未는 己(陰)土이고 목고(木庫)이며 丁火의 여기(餘氣)가 있다.

丁, 乙, 己土가 저장되어 있다.

⑨ 申에는 戊土, 壬水, 庚金의 천간이 있다.

(7일, 7일, 16일)

申은 庚의 건록지이고 壬의 장생지이다.

戊, 壬, 庚金을 저장하고 있다.

⑩ 酉에는 庚金, 辛金 하나만 있다.

(10일, 20일)

酉는 辛金의 건록지이고 庚, 辛金이 저장되어 있다.

⑪ 戌에는 辛金, 丁火, 戊土가 있다.

(9일, 3일, 18일)

戌은 戊(陽)土, 화고(火庫), 辛金의 여기(餘氣)가 있다.

辛, 丁, 戊土가 저장되어 있다.

⑫ 亥에는 戊土, 甲木, 壬水의 천간이 있다.

(7일, 7일, 16일)

亥는 壬의 건록지이다. 戊, 甲, 壬이 저장되어 있다.

(亥는 체(體)는 음이고 용(用)은 양이다)

6) 오행(五行)은 사주원국 선천적 본질이다

① 십신(十神)은 후천적, 즉 오행(五行)이 사회화와 인격화한 현상이다.

② 십신(十神)은 일간 오행(五行)을 기준으로 결정된다.

③ 십천간(十天干) 십이지지(十二地支)의 십신(十神) 신분도 그에 따른다.

④ 일간의 오행과 음양에 따라 소속 성질을 결정하는 경향이 있다.

4

십신론(十神論)

1) 정관(正官)

기능 : 설재(洩財), 생인(生印), 비견(比肩)과 겁재(劫財)를 제압한다.

사람 : 영도(領導, 앞장서서 이끌고 지도함). 웃어른, 적, 원수, 도둑, 소인(素人), 방해자, 남편

사물 : 권력, 지위, 명예, 관리, 사업, 공공장소, 군중

신체 : 사상, 우려, 스트레스, 만성질병, 관리하고 보호하는 뜻이 있다.

성질 : 자율성, 정통성, 권위성, 순서성의 심리 특징을 갖는다.

장점 : 충성, 공정, 책임, 품행, 단정, 단결, 합작, 도덕, 규율

단점 : 보수, 소극적, 억압, 신경질, 애로, 여명(坤) 극부(剋父), 불용충성

2) 편관(偏官. 七殺)

기능 : 설재(洩財), 생인(生印), 비견(比肩) 제압한다.

사람 : 상극, 영도, 군인, 경찰, 검찰, 깡패, 강도, 여(坤)명의 애인, 제가한 남편(육친), 남명의 아들, 변호사

사물 : 경찰, 검찰, 판사, 깡패, 도적, 악전고투, 유흥, 강건한 사업,

명예, 지위, 권위, 소송, 관재

신체 : 두뇌, 질병, 돌연성 질환(기신)

성질 : 배타성, 공격성, 상해 등의 특징을 갖는다.

장점 : 대담하다. 모험적이며, 용감히 밀고 나가며, 위험성이 있고, 강단성이 있고, 행동력이 있고, 엄수·기민·영활하다.

단점 : 횡폭하고 참을성이 없고, 억압적이며 복수심이 강하고, 싸우기 좋아하고 자포자기하고, 독립성의 경향이 있다.

3) 정인(正人)

기능 : 생신(生身), 설관살(洩官殺), 식상(食傷)을 제압한다.

사람 : 모친, 웃어른, 선생, 귀인, 여성 어른

사물 : 단위, 문서, 사상(생각), 집, 옷, 저금통장, 차, 배, 권력, 단위, 명성, 의지할 것, 학교, 병원, 종교, 부처 등 나름 생함, 보호하는 모든 사물

성질 : 너그럽고 온건하며 공익심이 강하고 선령하고 지혜로우며 인자하다.

장점 : 인자하고 너그러우며, 애심이 있고 온화하며, 수양이 있고 한번 먹은 맘은 변치 않고, 길을 봐야 하고 침착하다.

단점 : 보수적이고, 소극적이며, 막히고, 답답하며, 허영심이 강하고, 공상하기 좋아하고, 남한테 의지하려 하며, 맘대로 하는 경향이 있다. 지식이 아니라 (지혜가) 떨어진다.

4) 편인(偏印)

기능 : 생신, 비겁을 도움, 칠살을 설함, 식상을 제압

사람 : 계모, 양어머니, 변호사, 나이 많은 여성(연상)

사물 : 회사, 집, 학업, 무덤, 재능, 권력, 사람, 종교, 예술, 사상

성질 : 사상이 풍부, 잘 변하며, 경박성, 감수성이 강하다.

장점 : 오성(깨우치다)이 좋고, 창조적이고, 재능이 뛰어나고, 지혜롭고, 총명하다. 두뇌가 영월하면서도 독특하다.

단점 : 예민하고, 인심이 많고, 괴벽스럽고, 공상주의자, 친구가 없고, 이랬다, 저랬다 하며, (B, J) 일관성이 없다. 배우긴 많이 배웠으나 써먹지 못한다. (인정미가 없다) 깍쟁이다.

5) 정재(正財)

기능 : 관살(官殺)을 생(生)하고, 식상(食傷)을 설(洩)하며, 인성(印星)을 극(剋)하고, 일간(日干)의 상모(相耗) - 소모한다. 일간(日干)의 힘을 뺀다.

사람 : 부인, 회사 직원, 자기부하

사물 : 금전, 재물, 경제, 욕망, 음식, 육체

성질 : 집요하게 투자하여 꼭 실현하고, 아주 진지하게 여기는 특징이 있다.

장점 : 착실하고 절약하며(근검절약), 실천가이고 꾸준하며. 재능을 아껴주고, 온건하며, 감정을 중히 여기며, 부지런하다.

단점 : 이기적이고 인색하며, 게으르고 호색하며, 재물을 탐내고

방탕하다.

의리를 저버리고 옴니암니 따진다(작은 걸로 따진다).

6) 편재(偏財)

기능 : 생관살(生官殺), 설식상(洩食傷), 인성(印星)을 극(剋)하고, 일간(日干)의 상모(相耗) - 소모한다. 일간(日干)의 힘을 뺀다.

사람 : 아내, 부친, 남명(乾)의 애인, 이성 관계자

사물 : 금전, 재물, 횡재, 돈을 쓰다. 돈을 관리하다.

성질 : 강렬한(점유, 통제), 주동(주관)성은 있으나 잘 안 되면 즉시에 포기할 수 있으며, 영활하고 다변한 경향이 있다.

장점 : 착실하다. 목적성이 정확하다. 꾸준하다. 부지런하다. 빠르다.

단점 : 지나치면 허영에 빠진다. 호색하며 재물을 탐내고 방탕하다.

7) 비견(比肩)

기능 : 방조실(幇助失), 항관살(抗官殺), 설인(洩印), 탈재(奪財)

사람 : 형제, 친구, 자매, 동료 경쟁자, 동창, 조수, 전우, 소인

사물 : 경쟁, 부도, 빈궁, 방조, 장애, 말썽, 시비, 다툼, 의리, 영문, 합작, 단결, 분열, 악연

성질 : 강건하다. 덤비지 않는다.

장점 : 공평, 심의, 방조, 단결, 자신감, 자존심, 건강, 이성적, 귀인

단점 : 단짝이 되다. 형제 반목, 남을 해치다. 훔치다. 낭비, 패거리 싸움을 하고, 호색, 친구, 반목(反目)

8) 겁재(劫財, 陽刃)

기능 : 방조실(幇助失), 항관살(抗官殺), 극재(剋財), 설식상(洩食傷)

사람 : 동료, 남자의 자매, 여자의 남자형제, 경쟁자

사물 : 경쟁, 장애, 부도, 반응

성질 : 물, 불을 안 가린다. 감정적으로 처신한다(행동한다).

장점 : 긍정적이고, 솔직하다. 통이 크고, 친구들과 친숙하게 지낼 수 있다.

능력 있는 자를 인정하고, 힘껏 돕는 경향이 있다.

단점 : 덤비고 편파적이며, 낭비하고 놀기 좋아한다. 감정적으로 처사하고 원칙성이 떨어진다. 여자를 좋아하고(친구는 저쪽으로 밀어 버린다), 상급(윗사람) 팀장, 영도(領導)와 싸우면서 복종하지 않는다.

9) 식신(食神)

기능 : 설신(洩身), 생재(生財), 재살(財殺)

사람 : 후배, 학생, 자손, 여명, 아들, 의사

사물 : 창조, 신선, 언어, 예술, 손재간, 생각, 아이디어, 감정, 컨설팅, 음식, 프로그램, 배설물

성질 : 탐탁한 심리가 있다(넓고 안정된 상태).

장점 : 실속 있고, 온화하며, 총명하고, 우아하다. 도량이 넓고, 건강 장수하며, 구변이 좋고, 구상을 잘하며, 발명 창조를 잘한다. 옴니암니 따지지 않는다.

단점 : 환상, 산만, 방탕, 소극, 오만, 무원칙, 무직업

10) 상관(傷官)

기능 : 주관적, 설신(洩身), 생재(生財)

사람 : 후배, 학생, 여명(坤)의 딸

사물 : 창조, 운동, 명예, 예술, 발명, 사상, 저작, 여행, 소송, 실업, 무직업

성질 : 박식하고, 까다롭다. 고집이 있어 남의 말을 안 듣는다.

장점 : 적극적으로 해나가고, 창조적인 아이디어가 있으며, 총명하며, 대담하게 전진한다. 상상력이 풍부하고 예민하고 웅변이 좋다.

단점 : 타락, 호색, 시작은 하나 마무리 못 짓는다. 관망하고 맞서기 좋아하며, 안정되지 않고, 그냥 들떠 있다.

5
사주(四柱)의 형태

가. 사주의 길(吉), 흉(凶)

사주원국(四柱原局)에서의 십신(十神) 역할이 어떤 작용(作用)을 하는지, 십신(十神)의 선천적인 성격과 일주(日主)와 밀접한 관계가 있는 사람과 사물을 살펴보자.

팔자(八字)에 보이지 않는 오행(五行)이 용신(用神)일 때 평생 동안 그로 인해서 흉(凶)할 일이 생길 때가 많고, 기신(忌神)이면 필히 길(吉)한 일이 생길 때가 많다. 용신이 기신 작용을 하면 운수가 나쁘며, 기신이 용신 작용을 하면 운(運)이 좋아진다. 사주원국에서 연간(年干)과 일지(日支)가 응효(爻)와 같아 그 작용을 하는 것이 가장 중요하다. 일주(日主)가 연간(年干)의 음양(陰陽)과 월령(月令)에 근거하여 배열하니 일주의 개성을 구비한다. 그래서 대운(大運)은 십신(十神)을 원국십신(原局十神)의 구성 부분이라고 말한다.

일반적으로 봐서 사주원국과 대운(大運)의 관계는 사주원국에 없던 십신(十神)이 대운에 나타나면서, 대운 십신이 곧 사주원국의 십신 정보를 반영한 것이다. 예로 원국(原局)에 없다가 대운에 '편재(偏財)'가 갑자기 나타나면 그것은 일방적으로 '재물'을 반영한 것이 아니라 부친(父親)의 정황을 반영한 것이다. 원국+대운=운명, 즉 다시 말한다면 우리가 말하는 운명(運命)이란 바로 원국(原局)에다 대운을 합친 인생이란 영화 시나리오 각본이다. 일주(日主)는 바로 이 각본의 주인공으로서 평생 동안에 드라마를 펼쳐가면서 살아가게 되는 것이다.

나. 세운(歲運)에서 십신(十神)의 기능

중요한 기능 중 하나는 세운십신(歲運十神)과 대운십신(大運十神)이 생부(生扶)와 억제(抑制)하는 작용을 살펴보는 것이다. 마치 우리가 TV를 볼 때 원래의 장면이 원국(原局)+대운(大運)+세운(歲運), 어떤 특정된 프로그램의 화면을 구성했다면, 세운이 바뀔 때는 십신도 바뀌게 된다. 그러므로 그건 우리가 리모컨을 클릭하여 화면 채널을 바꾼 것 같은 작용을 하는 것이다. 사회 환경에서의 십신(十神)을 논한다면, 사주팔자(四柱八字)는 한 알의 종자(種子)와 같다. 토양에 심어지는 것과 같이 외부의 사회 환경에 적응된다. 칠살(七殺)의 환경은 깡패가 창궐, 못된 이웃, 주변환경 혼잡, 전쟁, 정치운동, 무질서이다. 관성(官星)의 환경은 법치, 안정, 질서 정연이다. 재성(財星)의 환경은 상업, 장사하는 곳, 경제, 어중이떠중이, 서로 있는 척이고, 비겁(比劫)의 환경은 경제가 침체됨. 빈궁, 말썽, 질서 문란, 패거리이며, 식상(食傷)의 환경은 자유, 민주, 부유, 화애, 문화, 예술이다. 인성(印星)의 환경은 법치, 온정, 자유, 신앙, 명성, 종교이고, 가정에서의 십신은 관살(官殺)과 부(夫), 처(妻) 간의 다툼, 싸움, 폭력, 재성(財星), (돈, 장사, 사업), 식상(食傷), (예술성, 기술성), 비겁(比劫), (형제 간의 말다툼, 질투), 인성(印星), (지식, 학문, 예절)로 표현할 수 있다. 사업을 시작할 때 직종 선택 시에는 오행(五行)으로 보아 기신(忌神) 업종에 종사하면 기신이 왕(旺)하고, 용신(用神) 업종에 종사하면 용신이 왕하다.

용신과 기신은 사주팔자+대운(大運)+세운(歲運)에 다 있다. 정관(正官)은 시간에 출근하는 엄숙함, 관리가 심하고 마음먹은 대로 되지 않는 직업(관직에 있는 사람)에 있는 사람은 지위가 높을수록 이혼하지 못한다. 예술인들은 식상(食傷)이 왕해서 이혼을 잘한다. 사주에 칠살(七殺)이 강하거나 겁재(劫財)가 기신(忌神)으로 왕하면 싸움을 잘한다. 이런 친구들은 고기를 작게 먹고 채식을 많이 하면 좋다. 편관(偏官)은 군대, 경찰, 법원, 검찰, 무술, 깡패, 정재(正財)는 투자, 재무, 소규모의 장사, 소규모의 사업, 편재(偏財)는 투기사업, 주식, 증권, 회사, 공장, 무역, 규모가 큰 사업. 비겁(比劫)은 장사 규모를 보면 제일 작은 것, 포장마차. 인성(印星)은 공무원, 정부, 종교, 교사, 온화하고 정이 많으며 학문과 연관 있는 행등 등, 이렇게 살펴볼 수 있다.

육식을 즐기면 상관(傷官), 칠살(七殺), 겁재(劫財)의 성격으로 편향되어 있다고 볼 수 있고, 채식은 정재(正財), 정관(正官), 식신(食神), 정인(正印)으로 사길신(四吉神)의 구조 형태로 볼 수 있다. 선량하고 온화하다. 예를 들어 책을 십신(十神)으로 본다면 인성(印星)으로 볼 수 있으나, 구체적으로 표현한다면 노자와 공자의 서적은 정인(正印)으로 볼 수 있고, 『수호전』과 『삼국지』, 『서유기』는 편인(偏印)이나 비견(比肩)으로 볼 수 있다.

다. 십신(十神)의 특징

관살(官殺)은 객관적인 세계를 관리하는 능력, 사업성, 권력성, 대중성, 용신(用神)이면 관리요. 기신(忌神)이면 속박이다. 일방적으로 사주원국(四柱原局)의 사업의 성취, 규모, 권리, 지위, 관리 능력, 장악하는 능력. 인성(印星)은 객관적 세계를 인식하는 능력, 학술성, 사상성, 정신성, 문화, 학술, 학력, 정신세계, 일반적으로는 학위, 지혜, 소질, 성질 등을 대표한다. 식상(食傷)은 객관적 세계를 창조하는 능력, 자질, 기술, 예술 창작. 비겁(比劫)은 객관적 세계를 방조하는 능력, 경쟁성, 노동성, 체력, 관(官)도 될 수는 있으나 소규모, 힘든 피곤한 관이다. 재성(財星)은 객관적 세계를 정복하는 능력, 상업성, 물질성, 경제이념, 물질에 대한 욕망, 재산 정황, 문제를 처리하는 능력이다. 근검절약의 정재(正財), 남 도와주는 것은 비견(比肩), 칠살(七殺), 말을 잘하다, 상관(傷官) 등으로 표현한다.

라. 궁위(宮位)가 중요하다

부모들이 사망하는 건 대부분은 연(年)과 월주(月主)에서의 일이다. 부동한 위치가 상처 받으면 곧 위치에 변화가 생겨 육친(六親)에 일이 생기는 것이다. 연(年)과 월간(月干)은 다 부모궁을 대표하고, 월(月)과 일간(日干)은 형제를 대표한다. 일간(日干)이 인성(印星)으로 약(弱)할 때 신약(身弱)이라, 일지(日支)를 설(洩)하면 동생들이 말썽 부린다. 사주팔자에 부모성이 없어도 연지(年支)와 월지(月支)에 충(沖)과 형(刑)이 생기면, 부모의 일에 문제가 생긴다. 일간(日干)이 극제(剋制) 당하면, 어떤 때는 형제관계에 문제가 생긴다. 재성(財星)이 없으면 일지(日支)를 보면 된다. 예로 여자의 명(坤)에 연간(年干)에 관(官)이 있고 시간에 칠살(七殺)이면, 전 남편은 나이 많았다거나 후에 만난 남자는 나이가 적다는 뜻으로 읽으면 된다.

사주팔자의 형태

시주	일주	월주	연주	四柱
아들, 딸	형제, 나, 배우자	부모, 형제	조상, 부모	육친
부하, 학생 후배, 하급	자신, 절친	경쟁자, 상전 회사, 동료	상급, 영도 찬척, 웃어른	사회관계
60 이후	60	40	20	나이
다리, 발	허리, 복부	가슴, 심장	머리, 얼굴	신체
미래	내심세계	가정환경 (부모)	사회환경	외
교제 능력	혼인, 가정, 재산	소 환경	주위환경	내
린효	세효	린효	응효	작용
	일지, 응효	월령		

① 원형이정(元亨利貞)

천(天) 원은 선함, 형은 통함, 이는 화함, 정은 견고함이다.

지(地) 봄, 여름, 가을, 겨울 4계절로 나타난다.

인(人) 인(仁), 예(禮), 의(義), 지(智)이다.

② 근묘화실(根苗花實)

연월일시(年月日時) 나무로 비유해서 뿌리와 줄기와 꽃과 열매를 말한다. 뿌리는 근본이 되니 조상을 말하는 것이고, 묘는 줄기가 되니 부모를 말하는 것이며, 화는 본인이며, 실은 자손을 말한다.

③ 내외(內外) 관계

연월(年月)은 外, 일시(日時)는 內, 천간(天干)은 外, 지지(地支)는 內, 재관(財官)은 外, 인비(印比) 식상(食傷)은 內, 년운(年運)은 外, 사주원국(四柱原局)은 內

④ 대소(大小) 관계

관성(官星)과 인성(印星)은 大, 겁재(劫財)와 상관(傷官)은 小, 연월(年月)은 大, 일시(日時)는 小, 천간(天干)은 大, 지지(地支)는 小

⑤ 원근(遠近) 관계

연월(年月)은 원(遠, 멀다), 일시(日時)는 근(近, 가깝다), 충(沖)은 원(遠, 멀다) 합(合)은 근(近, 가깝다), 천간(天干)은 원(遠), 지지(地支)는 근(近)

⑥ 동정(動靜) 관계

일간(日干)은 정(靜) - 원국(原局)은 동(動)

원국(原局)은 정(靜) - 대운(大運)은 동(動)

대운(大運)은 정(靜) - 세운(歲運)은 동(動)

⑦ 육십갑자(六十甲子)를 구성하는 법칙은

천간(天干)이 순환하고 움직인다 하여 동(動)하며, 지지(地支)는 그대로 있다 하여 정(靜)하다. 동일한 음양(陰陽)이 결합한다. 甲子, 丙子, 戊子, 庚子, 壬子. 순으로.

甲子	乙丑	丙寅	丁卯	戊辰	己巳	庚午	辛未	壬申	癸酉
甲戌	乙亥	丙子	丁丑	戊寅	己卯	庚辰	辛巳	壬午	癸未
甲申	乙酉	丙戌	丁亥	戊子	己丑	庚寅	辛卯	壬辰	癸巳
甲午	乙未	丙申	丁酉	戊戌	己亥	庚子	辛丑	壬寅	癸卯
甲辰	乙巳	丙午	丁未	戊申	己酉	庚戌	辛亥	壬子	癸丑
甲寅	乙卯	丙辰	丁巳	戊午	己未	庚申	辛酉	壬戌	癸亥

6

오행용사(五行用事)

오행용사(五行用事)란 木(봄) 火(여름) 金(가을) 水(겨울) 土의 오행(五行)이 일정한 계절에 위력을, 자기 세력을 발휘하여 드러나는 현상을 말한다.

甲, 乙, 寅, 卯의 木은 봄에 득시(得時), 득세(得勢)하며 봄을 지배하며 최대의 능력을 나타낸다.

丙, 丁, 巳, 午의 火는 여름에 득시(得時), 득세(得勢)하며 여름을 지배하며 최대의 능력을 나타낸다.

庚, 辛, 申, 酉의 金은 가을에 득시(得時), 득세(得勢)하고 가을을 지배하며 최대의 능력을 나타낸다.

壬, 癸, 亥, 子의 水는 겨울에 득시(得時), 득세(得勢)하고 겨울을 지배하며 최대의 능력을 나타낸다.

戊, 己, 辰, 戌, 丑, 未의 土는 매년 입춘(春), 입하(夏), 입추(秋), 입동(冬)이 되기 전의 18일 동안 득시(得時), 득세(得勢)하고 최대의 능력을 나타낸다.

입춘(立春)부터 木(甲, 乙, 寅, 卯)이 왕(旺)하여 72일 동안 최대의 능력을 지속하고, 입하(立夏)부터 火(丙, 丁, 巳, 午)가 왕하여 72일 동안 최대의 능력이 지속되고, 立秋부터 金(庚, 辛, 申, 酉)이 왕하여 72일 동안 최대의 능력이 지속되고, 立冬부터 水(壬, 癸, 亥, 子)가 왕하여 72일 동안 최대의 능력이 지속된다.

계월은 입춘(春), 입하(夏), 입추(秋), 입동(冬)이 시작되기 전의 18일 동안씩 왕(旺) 하여, 1년 동안을 계산하면 계월 역시 18×4 하면 72일 동안 왕하게 된다. 그러면 72×5하면 360일이 된다. 1년을 정확한 날짜로 따지면 365일이라는 점에서, 360일이면 약간의 착오가 있고, 이 착오는 사계절의 날짜 수도 균일하지 않다. 그래서 일치하는 평균을 낸 것이다.

오행용사는 4계절에 따라 오행의 질량이 달라지는 것을 나타낸다. 용사(用事)를 굳이 나눈다면 인원용사(支藏干), 월령용사(월률분야 支藏干), 오행용사(五行用事)로 나눌 수 있다. 오행의 강약(强弱)을 왕상휴수사(旺相休囚死)의 다섯 등급으로 구별할 수 있다. 가장 강한 것이 '왕(旺)', 그다음으로 강한 것이 '상(相)', 보통인 것이 '휴(休)', 약한 것이 '수(囚)', 가장 약한 것이 '사(死)'가 된다.

가. 왕(旺) : 오행(五行)으로 가장 힘이 강한 것이다

春 = 木

夏 = 火

秋 = 金

冬 = 水

계월 = 土

계월은 4계절의 사이에 위치하는 환절기를 말하며, 음력 3, 6, 9, 12월이 되는 辰, 未, 戌, 丑 月의 사립(四立 : 입춘, 입하, 입추, 입동) 이전의 18일씩을 말한다. 이때는 土가 가장 강하다.

나. 상(相)

春 = 火(왕(旺)한 木이 생(生)해주는 것)

夏 = 土(왕(旺)한 火가 생(生)해주는 것)

秋 = 水(왕(旺)한 金이 생(生)해주는 것)

冬 = 木(왕(旺)한 水가 생(生)해주는 것)

계월 = 金(왕(旺)한 土가 생(生)해주는 것)

다. 휴(休)

春 = 水(왕(旺)한 木을 생(生)해주는 것)

夏 = 木(왕(旺)한 火를 생(生)해주는 것)

秋 = 土(왕(旺)한 金을 생(生)해주는 것)

冬 = 金(왕(旺)한 水를 생(生)해주는 것)

계월 = 火(왕(旺)한 土를 생(生)해주는 것)

라. 수(囚)

春 = 金(왕(旺)한 木을 극(剋)하는 것)

夏 = 水(왕(旺)한 火를 극(剋)하는 것)

秋 = 火(왕(旺)한 金을 극(剋)하는 것)

冬 = 土(왕(旺)한 水를 극(剋)하는 것)

계월 = 木(왕(旺)한 土를 극(剋)하는 것)

마. 사(死)

春 = 土(왕(旺)한 木이 극(剋)하는 것)

夏 = 金(왕(旺)한 火가 극(剋)하는 것)

秋 = 木(왕(旺)한 金이 극(剋)하는 것)

冬 = 火(왕(旺)한 水가 극(剋)하는 것)

계월 = 水(왕(旺)한 土가 극(剋)하는 것)

用事	旺	相	休	囚	死
春	木	火	水	金	土
夏	火	土	木	水	金
秋	金	水	土	火	木
冬	水	木	金	土	火
계월	土	金	火	木	水

1) 戊申年, 甲寅月, 甲子日, 甲戌時, 四柱, 寅月에 출생한 甲寅, 四柱이므로, 木왕, 火상, 水휴, 金수, 土사 5단계의 가산점으로 강약을 부여하면, 왕:+2 상:+1 휴:+0 수:-1 사:-2처럼 될 것이다.

왕+2	왕+2	왕+2	사-2
甲	**甲**	**甲**	**戊**
戌	**子**	**寅**	**申**
사-2	휴+0	왕+2	수-1

2) 庚戌年, 庚辰月, 丁卯日, 乙巳時, 四柱, 辰月에 출생한 丁火, 四柱

이므로, 木휴, 火왕, 水수, 金사, 土상 5단계의 가산점으로 강약을 부여하면, 왕:+2 상:+1 휴:+0 수:-1 사:-2처럼 될 것이다.

휴+0	상+1	사-2	사-2
乙	丁	庚	庚
巳	卯	辰	戌
왕+2	휴+0	상+1	상+1

7

십신(十神)의 운행

가. 비겁(比劫 : 비견과 겁재)의 운(運)이 오면 재성(財星 : 편재와 정재)을 극(剋)한다.

비겁(比劫)의 에너지가 왕성해지면 재성(財星)을 극(剋)해서, 금전의 흐름을 막을 수 있어 재물에 손재가 난다. 처(妻)와 여자 문제 등 부친(父親)에게 문제가 생긴다. 사기를 당하거나 분실 수가 생길 수 있다. 특히 비겁이 강한 사주는 재성(財星)의 운(運)이 오면 재성을 조심해야 하며, 비겁이 강한 사주는 재성의 운에 파재(破財)된다.

나. 식상(食傷 : 식신과 상관)의 운(運)이 오면 관성(官星 : 편관과 정관)을 극(剋)한다.

식상(食傷)이 오면 관성(官星)을 극(剋)하여 관재가 일어나고 시비나 구설수가 따를 수 있다. 소송(訴訟), 벌금, 법적 문제가 발생하거나, 직장 문제나 상사와 불화가 생길 수 있다. 여명(女命)에게 상관(傷官) 운(運)은 배우자와 애로가 생기고 변동의 운으로 작용하며, 상관 운에는 출산이나 사회활동 등이 없다면 남편의 자리나 관계에서 애로가 발생할 수 있다.

다. 재성(財星 : 편재와 정재)의 운(運)이 오면 인성(印星 : 편인과 정인)을 극(剋)한다.

재성(財星)은 현금화로 돈을 만지는 것이다. 인성(印星)이 문서 형태의 재산을 자꾸 현금화시키고 재성이 강해지면 인성의 성품인 신뢰와 신용이 무너지고. 문서의 해약, 처가에 문제가 생긴다. 재성은 돈과 여자에 해당하여, 소년기의 재성은 인성으로 공부할 수 있는 힘을 소모시켜서 학업을 중단하거나 사고가 발생한다.

라. 관성(官星 : 편관과 정관)의 운(運)이 오면 비겁(比劫 : 비견과 겁재)을 극(剋)한다.

관(官)은 큰 조직과의 관계 발전이나 이권을 다루게 된다. 이 경우 비견(比肩)과 겁재(劫財)인 경쟁자를 음해하든지, 배신을 해서 목적을 달성하게 된다. 형제불화와 동료배신 등은 관(官)의 자존심이나 명예에 긍정적인 효과도 가져올 수 있지만, 횡적 관계인 동창이나 친구, 형제를 희생시키기도 한다.

마. 인성(印星 : 편인과 정인)의 운(運)이 오면 식상(食傷 : 식신과 상관)을 극(剋)한다.

인성(印星)이란 인내의 과정을 동반한다. 그래서 조직사회에선 긍정적으로 작용한다. 하지만 편인(偏印)이나 식상(食傷)은 행동(식신, 상관)의 제약을 받는 상태이므로, 식상을 극(剋)한다는 것은 일종의 휴직 상태라고 할 수 있다. 또한 인성을 잘 쓰는 사람은 고상한 취미나 가치를 두고 공부를 하거나 도를 닦는다. 인성은 동작의 정지 상태를 만들기 쉬운 인자로 식상을 극한다. 인성의 대운(大運)에 할 수 있는 것은 인허가나 자격증, 학문의 세월을 보내는 것이다.

① 비겁(比刧) : 비견(比肩), 겁재(劫財)

독립성, 적극성, 책임감, 포용력, 실천력, 추진력

② 식상(食傷) : 식신(食神), 상관(傷官)

친화력, 섭외력, 응용력, 설득력, 어휘력, 민첩성

③ 재성(財星) : 편재(偏財), 정재(正財)

활동성, 수리력, 현실성, 실용성, 조직력, 분석력

④ 관성(官星) : 편관(偏官), 정관(正官)

조직력, 분별력, 관리력, 통제력, 인내력, 도덕성

⑤ 인성(印星) : 편인(偏印), 정인(正印)

암기력, 분석력, 기획력, 창조력, 수집력, 논리성

바. 비겁(比劫 : 비견과 겁재)

비겁(比劫)이 강하면 항상 자신을 소모시키는 활동과 대상을 찾게 되어 있다. 비겁이 강한 사람은 어떤 무리가 있어도, 자신의 힘이 강해서 체력을 소모시킬 활동을 찾아 운동을 하거나 활동이 왕성하고 주도하고 싶어 한다. '비겁이 강하다'라는 것은 좋으면 리더십이 강하다는 것이다.

사. 식상(食傷 : 식신과 상관)

식상(食傷)이 강하면 항상 자신의 말이 앞서고 자랑하며, 언어와 맛과 멋에 있어서 소비하는 등, 표현과 표출을 한다. 그래서 식상이 왕한 사람들은 사람을 만나서 자기자랑을 할 사람을 찾는다. 항상 자신의 무엇이든지를 소모하고 소비시키는 활동과 대상을 찾게 된다.

아. 재성(財星 : 편재와 정재)

재성(財星)이 강하면 항상 자신의 욕구를 충족시키는 대상을 찾는다. 재성이 강하거나 편재(偏財)가 있으면 욕구를 충족시키기 위해

투기나 투자를 하게 된다.

돈이 필요하면 누구한테 도움을 청할 것인가. 목(木) 일간(日干) 재성이 토(土)이므로 목극토(木剋土)해서, 재(財)가 필요하면 재성이 되는 토(土) 토극수(土剋水)해서 재(財)가 인수(印綬)를 극(剋)해서 모친(母親)에게 돈을 해달라고 하는 것과 같다. 나중에 성인이 돼서 모친이 없으면 재극인(財剋印)을 해서 문서(재산: 계약서)에 문제를 생기게 하여 인성(印星)의 재산이 문제가 된다. 투기, 잘못된 투자, 손실.

자. 관성(官星 : 편관과 정관)

관성(官星)이 강하면 항상 자신의 권위적 활동과 대상을 찾는다.

관성(官星)이 강한 사람에게 직위(職位 : 완장)를 채워주면 목에 힘이 들어가며, 권위를 부릴 대상을 찾는다. 법(法)을 잘 모르는 대상을 찾아서 도와주지만, 법을 이용해서 불법을 저지를 수도 있다. 이런 양면성이 나타날 수 있다. 이것은 관성이 강한 심리로 기본 패턴의 형성 구조이다.

차. 인성(印星 : 편인과 정인)

인성(印星)이 강하면 항상 자신의 논리적 활동과 그 대상을 찾는다. 인성(印星)이 강하면 논리적인 활동과 대상을 찾아야 하기 때문에, 대상을 찾아 간섭하거나 잔소리가 많아진다. 인수(印綬)가 강하면 식상(食傷)을 극(剋)하며, 생각이 많은 모친은 자식을 힘들게 할 수 있다.

8

왕쇠강약(旺衰强弱)

『적천수』 명리학에서는 "쇠왕의 진정한 상태를 능히 알 수 있다면 명리의 절반을 터득한 것"이라고 했다. 쇠왕의 상태는 왕쇠강약(旺衰强弱)부터 시작한다고 볼 수 있다. 사주명리학은 사주팔자 4(四)천간 4(四)지지를 가지고 인생 길흉화복(吉凶禍福)을 판단하는 학문이다. 길흉화복과 부귀빈천(富貴貧賤)을 파악할 수 있는 기준은 용신(用神)을 척도로 삼아야 한다. 하지만 용신이란 대운(大運)과 세운(歲運)으로 언제든 무궁무진하게 변화할 수 있기 때문에, 체(體)와 용(用)의 변화가 무상하다. 용신을 찾아야 용신 기준으로 사주팔자를 통해 길흉화복과 부귀빈천을 측정할 수 있는 것이다. 도교 명리학에서는 용신의 글자를 중심점 내지 태극점이라고도 한다. 용신을 찾고자 한다면, 왕쇠강약을 기본으로 알아야 한다.

가. 일간(日干)의 왕쇠강약(旺衰强弱)

① 일간(日干)의 억부(抑扶) 용신(用神)을 주의깊게 살펴야 한다.

② 일간(日干)의 힘이 강(强)하다면 신강(身强)이라 한다.

③ 일간(日干)의 힘이 약(弱)하다면 신약(身弱)이라 한다.

④ 일간(日干)의 힘이 신강(身强)인지 신약(身弱)인지를 알아야 용신(用神)을 정할 수 있다. 용신이 정해져야 길흉화복과 부귀빈천을 예측해서 알 수가 있는 것이다.

나. 왕(旺)은 득시(得時 : 得令)한 것이고, 쇠(衰)는 실시(失時 : 失令)한

것이다.

① 강(强)은 힘을 얻어서 신강(身强)한 것이고

② 약(弱)은 힘을 잃어서 신약(身弱)한 것이다.

③ 득시(得時)하여도 왕(旺)한 사주라도 신약하게 될 수 있다.

④ 실시(失時)하여도 쇠(衰)한 사주라도 신강하게 될 수 있다.

⑤ 왕쇠강약을 정확하게 구별하지 않고, 신강을 신왕(身旺)이라고도 하고, 신약(身弱), 신쇠(身衰)라고 말하기도 한다.

⑥ 정확한 왕쇠강약을 파악해야 용신을 찾을 수 있다.

다. 신강(身强)의 구성 요건

① 월령(月令)에 득시(得時)할 때 왕상(旺相)하다. 통근(通根)되었다.

(木日 동춘〔冬春〕에 생함, 火日이 춘하〔春夏〕에 생함)

② 방조가 많을 때는 甲乙, 寅卯, 木日(비견, 겁재) 또는 일간을 생(生)하는 水의 五行인 壬癸, 亥子, 水(정인, 편인)가 충족되었다.

③ 월지(月支)의 오행(五行)이 일간(日干)과 같아 (비견, 겁재) 일간을 생(生)하는 (정인, 편인) 조건이 되어 신강(身强)을 구성하는 가장 중요한 조건이 충족되었다.

④ 월령(月令)이 (비견, 겁재)가 되는 것을 득시(得時), 득령(得令), 당령(當令)했다고 표현한다.

라. 신약(身弱)의 구성 요건

① 월령(月令)에 실시(失時)하여 쇠약(衰弱)하다.

木日은 하(夏), 추(秋)에 생(生)함, 火日 추(秋), 동(冬)에 생(生)하면 실시(失時)하여 쇠약하다.

② 극(剋)과 설(洩)이 많다.

극(剋)은 재성(財星), 관성(官星)과 설(洩)은 식상(食傷) 등을 말한다.

마. 일간의 왕쇠강약 구별하는 방법을 알아보자.

① 일간의 득시(得時) 여부를 알아본다.

甲木, 乙木 日干이 월지(月支)에서 寅월, 卯월을 만나게 되고,

丙火, 丁火 日干이 월지(月支)에서 巳월, 午월을 만나게 되고,

戊土, 己土 日干이 월지(月支)에서 巳월, 午월을 만나게 되고,

丑土, 辰土 日干이 월지(月支)에서 未월, 戌월을 만나게 되고,

庚金, 辛金 日干이 월지(月支)에서 申월, 酉월을 만나게 되고,

壬水, 癸水 日干이 월지(月支)에서 亥월, 子월을 만나게 되는 것을 득시(得時)라고 한다.

② 일간이 실시(失時)했는가의 여부를 살핀다.

③ 왕쇠(旺衰)는 월령(月令)을 얻었느냐 못 얻었느냐를 구별하는 것이다.

왕쇠(旺衰)에 비하여 강약은 무엇인가 하면, 월령(月令)과 무관하게 득지(得地), 득세(得勢)하여 일간(日干)이 역량이 강해지면 강(强)이라고 하고, 월령(月令)과 무관하면 실지(失地), 실세(失勢)해서 일간(日干)의 역량이 약한 것을 약(弱)이라고 한다.

바. 일간의 득지(得地) 여부를 본다.

① 甲木, 乙木 日干이 연지(年支), 일지(日支), 시지(時支)에서 亥, 寅, 卯, 未, 辰을 만나고

② 丙火, 丁火 日干이 연지(年支), 일지(日支), 시지(時支)에서 寅, 巳, 午, 未, 戌을 만나고

③ 戊土 己土 日干이 연지(年支), 일지(日支), 시지(時支)에서 辰, 戌,

丑, 未, 寅, 巳, 午를 만나고

④ 庚金 辛金 日干이 연지(年支), 일지(日支), 시지(時支)에서 巳, 辛, 酉, 戌, 丑을 만나고

⑤ 壬水 癸水 日干이 연지(年支), 일지(日支), 시지(時支)에서 申, 亥, 子, 丑, 辰 을 만나는 것이다. 득지(得地)란 뿌리가 있어 일명 통근(通根)한 것을 말한다. 장생, 임관, 제왕, 묘고, 여기 등을 만난 것이다.

乙, 丁, 己, 辛, 癸水 일간(日干)은 장생에서 통근(通根)하지 못한다.

사. 일간의 득세(得勢)를 본다. 일명 세력(勢力)을 말한다.

① 甲木, 乙木 日干이 사주의 천간 지지에 水, 木이 많아 도움을 받고,

② 丙火, 丁火 日干이 사주의 천간 지지에 木, 火가 많아 도움을 받고,

③ 戊土, 己土 日干이 사주의 천간 지지에 火, 土가 많아 도움을 받고,

④ 庚金, 辛金 日干이 사주의 천간 지지에 土, 金이 많아 도움을 받고,

⑤ 壬水, 癸水 日干이 사주 천간 지지에 金, 水가 많아 도움을 받는 것을 말한다.

아. 왕쇠(旺衰)는 월령(月令)을 얻고 못 얻고의 문제이고, 강약은 종합적으로 강한가, 약한가의 문제인 것이다. 그러므로 득시(得時)하여 왕(旺)한 것이 약하게 될 때도 있고, 실시(失時)하여 쇠(衰)한 것이라도 강하게 될 때도 있다.

자. 일간(日干)을 강하게 하는 아군은 인성, 비겁, 임관, 제왕, 묘, 고, 여기, 장생이 있고, 일간(日干)을 약하게 하는 적군은 식신, 상관, 정관, 편관, 정재, 편재가 있다. 아군과 적군의 역량을 비교하여 아군이 강하면 강(强) 또는 왕(旺)이 되고, 적군이 강하면 쇠(衰) 또는 약(弱)이 된다. 아군과 적군의 전력이 비슷해지는 백중세를 이루는 경우도 있다. 이럴 때 억부용신보다는 다른 용신을 찾아보는 것이 좋다.

1)	時	日	月	年
	戊	丙	庚	戊
	子	子	申	申
	실지	실지	실시	실지

丙火가 申月에 出生했다.
가을 태양은 과실을 숙성시키는 계절이다.
偏財格이다. 食財官으로 이뤄졌고 印星이 없는 四柱이다.
아군의 원조가 필요 없는 종격 사주이다.
십신을 오행으로 축소.

時	日	月	年
土	火	金	土
水	水	金	金

火가 金 水의 물 위에 있어 똑똑하고 영롱한 사주이다.
火는 뿌리가 필요 없다. 貴格이다.

2)

時	日	月	年
乙	壬	乙	乙
巳	午	酉	巳
실지	실지	득시	실지

酉月 壬水 四柱이다. 가을 바다. 호수다.
正印格이다. 巳酉 合 金 똑똑한 사주이다.
십신을 오행으로 축소.

時	日	月	年
木	水	木	木
火	火	金	火

身强四柱이나 變化, 身弱으로 볼 수 있다.
주관은 없어 보이나 처세에는 밝아 보인다.
무리수를 띄우는(巳午合 火) 볼 수 있다.
단, 土가 없다. 天干은 水生木하는 형태이며
地支는 金이 위태롭다.

3)

時	日	月	年
庚	戊	戊	丙
申	午	戌	午
실지	득지	득시	득지

戌月 戊土이다. 가을 山이다.

土가 중첩되어 보이나 시간 庚金이 土를 洩氣시키니 아름답다.
强하다 못해 旺한 四柱이다.
午戌 合 火 印星이 强해졌고 比肩으로 주관이 강한 사주이다.
현명함을 감추는 心도 보인다.
십신을 오행으로 축소.

時	日	月	年
金	土	土	火
金	火	土	火

火 生 土 生 金
五行으로 보이는 年 月 日 時의 형태가 아름답다.
旺格이다. 정치적이다. 水가 없어 더욱 더 아름답다.

4)

時	日	月	年
乙	丙	乙	癸
未	寅	丑	卯
실지	득지	실시	득지

丑月 丙火다. 겨울 태양이다.
天干 印星이 과다하다. 月支 傷官으로 身弱四柱이다.
格은 月令 丑月에 天干 癸水가 투간했기 때문에 正官格이다.
身弱四柱에 財星이 丑月 地藏干에 있어 다행이다.
순수하고 어질어 잘 속이며 속는다.
십신을 오행으로 축소.

時	日	月	年
木	火	木	水
土	木	土	木

天干의 水生木 木生火는 아름답다.
하지만 時干 木이 木生火를 하니 時干에 일이 염려스럽다.
地支 五行은 木이 土를 剋하고 있다.
보이지 않는 부분은 피곤함을 암시한다.

5)

時	日	月	年
戊	癸	庚	己
午	酉	午	亥
실지	득지	실시	득지

五月 癸水이다. 여름 천생 水다.
時支에 戊土와 戊癸 合 火는 아이디어가 새롭다.
身弱四柱이다. 金生水를 해주니 옹달샘으로 지혜가 마르지 않는다.
십신을 오행으로 축소.

時	日	月	年
土	水	金	土
火	金	火	水

天干은 土生金, 金生水 구조이다. 官印 相生이다. 地支는 水剋火, 火剋金 형태이다. 金이 증발될 것 같지만 水가 火를 꺼주고 있는 형

태이다.

1)번 2)번 3)번의 명조는 다 외과의사이다. 4)는 마취과, 5)는 영상의학과이다.

9

종화론(從化論)

從得眞者只論從	從神又有吉和凶
종 득 진 자 지 론 종	종 신 우 유 길 화 흉

참된 종상을 득한 자는 단지 종으로만 논하고, 종신은 또 길함도 있고 흉함도 있다. 임철초 曰 종상(從象)은 하나만이 아니므로 재관만을 논하는 것이 아니다. 일주가 고립 무기하고 사주에서 생부하는 것이 아니다. 일주가 고립 무기하고 사주에서 생부하는 곳이 없고, 만국이 관성이면 종관(從官)이요, 만국이 재성이면 종재(從財)이다. 가령 일주가 金이면 재신은 木인데, 춘령(春令)에 생하고 또 水의 생부함이 있다면, 이른바 태과이니 火로 운행하여야 기쁘고, 하령(夏令)에 생하여 火旺하여 설기하면 水로써 생하여야 기쁘고, 동령(冬令)에 생하여 水가 많고, 木이 잠기면 土로써 배식함이 기쁘고, 火로써 온난하게 하여야 吉하며, 이와 반대면 반드시 凶할 것이니, 이른바 종신(從神)에 길화(吉和)함도 있지만 흉함도 있음인 것이다. 종상에는 종왕(從旺), 종강(從强), 종기(從氣), 종세(從勢)의 이치도 있으니, 종재나 종관에 비하여 추산하기가 어려우므로 더욱 자상히 살펴야 한다. 4종격은 다른 서적에는 싣지 아니한 것으로 내가 세운 설로 세워놓은 것인데, 시험한 결과 확실하며 허언이 아니다. 4종격을 논한 것이다. 좀 더 구체적으로 살펴보자.

도교 명리학의 이론 체계에서 세력을 구분하는 방법론 4가지가 아마 『적천수』 종화론(從化論) 종상(從象)에 영향을 주거나 받았지 않았나 생각된다. 내용은 간단하다. 전통 명리학에 비교가 안 될 정도이지만, 숨겨져 있는 키워드를 알지 못하면 절대 알 수 없다. 학문의 기초가 완전히 흔들릴 것이다. 기본이 그만큼 중요한 것이다. 본론으로 들어가자. 생일은 이십육만오천이백 개 있지만, 일간의 존재 상태는 오직 네 가지로만 본다. 종왕(從旺), 신강(身强), 신약(身弱), 종세(從勢). 중국 선인들이 쓰는 세력으로 사주를 보는 방식이다. 국내 命理學 『적천수』 서적 중 종화론(從化論) 종상(從象)편을 살펴 해석본은 많이 출시되어 있지만, 대세론과 세력론에 대해 알고 풀어놓은 책은 없는 것 같다.

다시금 월령(月令) 용신(用神)의 중요성을 강조한다.

3부

도교 명리학 명리 분석

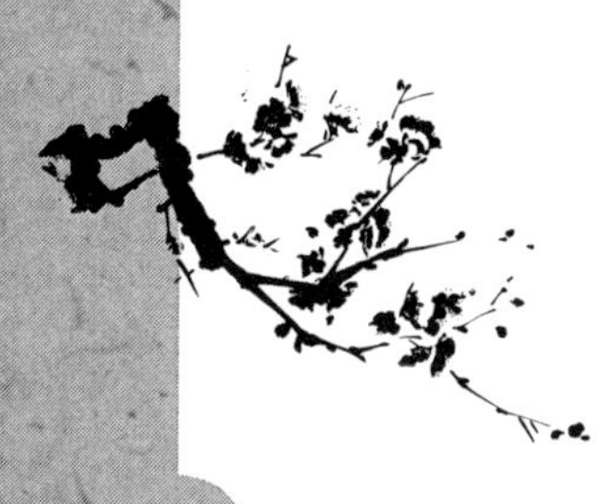

도교 명리학에서 사천간(四天干) 사지지(四地支)를 문자라는 측면에서 접근한다면, 자의적 해석방법으로 언어로 인식하면 된다. 당연히 언어라면 주어, 동사, 목적어로 추론할 수 있다. 사천간(四天干) 사지지(四地支)에서 주어는 당연히 일간(日干)이 될 것이다. 그럼 목적어는 월령(月令)으로 보면 될 것이다. 그럼 변화하는 동사를 어떻게 잘 살펴서 보는가에 따라 명리학의 고수를 판단한다.

도교 명리학의 용신은 유용지신이다. 유용지신이 정해지면 당연히 기신의 역할을 확인해야 할 것이다. 도교 명리학의 그 유명한 파동 이론**이다. 월령에서의 격은 보는 즉시 성격(成格)되었는지 파격(破格)되었는지 그 격(格)을 판단하고, 주어가 이끌어가는 음양의 중심점을 찾고, 운의 변화에 따라 대운(大運)과 세운(歲運)에서 유용지신과 기신의 변화의 모습을 파악해야 한다. 이러한 도교 명리학은 종합 인문학인 것이다. 도교 명리학에서의 용신은 유용지신이다. 쉽게 표현하자면, 도교 명리학은 3차원이 아닌 4차원의 고급 술기법이다.

우주 한구석에 모종의 변화가 생기면 그것이 우주 전체로 파급되어 나간다는 것이다. 마치 잔잔한 호수에 작은 돌을 던지면 그 파문

** 파동이론 : '불규칙하게 움직이지만 중화를 맞춘다.' 중화란 끊임없이 변화한다.

이 전체로 퍼져나가듯이 말이다. 그래서 현대의 신과학운동자들은 북경에서 나비가 날갯짓을 하면 뉴욕에 태풍이 불어온다는 '나비효과'를 말하기도 한다. 이런 유기체론에 근거할 때 자연과 인간은 하나이므로 결코 분리시켜 생각하거나 개별적으로 바라볼 수 없다.(『회남자』, 「기론[氣論]」

연해자평에 살펴본 격국은 내격 18격과 외격 18격으로 구성되어 있다. 도교 명리학에서 보는 격을 보는 방법은 4격이다. 앞에서 사천간(四天干) 사지지(四地支)를 문자라는 측면에서 접근해 사주를 살펴보았다. 즉, 일간(日干)을 주어로 볼 수 있고, 월령(月令)은 목적어가 된다고 말했다. 이렇듯 월령이란 사천간(四天干) 사지지(四地支)의 중심점이다. 도교명리학의 태극점이란 용신(用神)과 월령(月令)의 변화는 세효(世爻)와 응효(應爻)관계이다.

주희가 "태극은 만물의 출발점이면서도 일회적인 작용을 하는 존재가 아니며, 분화하고 확산해가는 현재의 우주에도 지속적으로 작용하는 존재이다."라고 말했다.

사천간(四天干) 사지지(四地支)의 중심점이란 사주의 출발점이면서도 동시에 분화하고 확산해가는 태극점이다. 중심점에서 응효(應爻)하는 관계를 태극점에서 찾는다.

> 動이 극에 달하면 靜하고, 靜이 극에 달하면 다시 動해서 한번 動하고 한번 靜함이 서로 그 뿌리가 됨은 천명이 유행하여 그치지 않는 것이요, 動하여 陽을 낳고 靜하여 陰을 낳아 陰으로 나뉘고 陽으로 나뉨에 양의가 확립됨은 분수가 일정하여 바뀌지 않는 것이다.(『근사록』에서 주희가 주

석한 내용이다)

도교 명리학의 태극점, 중심점이란 일간(日干) 입장에서 사천간(四天干) 사지지(四地支)를 바라보며 음양의 중심점을 확인하여 음양에 변화에 작용하는 변곡점을 보는 방법이다. 음양이란 우주 생성론의 입장에서 찾아볼 수 있다. 주희의 무극에서 태극으로 발생하고 태극에서 음양으로 발생되는 확장구조로 설명하지 않고, 무극의 이치 또는 도리로서 전재하고, 실질적으로 태극에서부터 출발하는 주희의 『주자어류(朱子語類)』에서 "태극은 다만 하나의 기일 뿐이다"라고 하면서 개념을 설명하기도 했다. 주희가 살던 송나라 시대의 학술계는 태극을 기로 보는 전통적인 우주론적 관점에서 벗어나지 않았기 때문에 전통적인 견해의 성향을 발표하기도 했다. 하지만 개인적으로 우주론은, 태극은 출발점이면서도 분화하고 확산해가는 지속적인 작용을 하는 존재임을 입증해 나가고자 했다. 이런 주희와 주돈이 주장한 『태극도설』의 우주 발생론적 색채가 농후한 이론은 운동변화의 원리로서의 본체가 된다. 이런 개념은 명리학의 음양구조에 자연스럽게 수용되고 응용된 것이 분명하다. 태극 개념을 설명한 명리 서적을 보겠다.

… 一氣가 서리고 응결하여 이에 태역이 물을 낳고, 태초가 화를 낳고, 태시가 목을 낳고, 태소가 금을 낳고, 태극이 토를 낳는다. (『연해자평』)

도교 명리학에서 육효(六爻)의 세응(世應) 방법은 변화하는 효(爻)의 변화에 따라 사천간(四天干) 사지지(四地支)의 대운(大運)과 세운(歲運)의 흐름을 알 수 있는 것이다. 육효의 변화하는 세효(世爻)는 육효

내의 주인이 된다. 언어로 본다면 세효는 주어로 볼 수 있다. 세효, 주어에 대응하는 응(應)을 붙여서 길흉화복과 일의 성(成)과 패(敗)를 판단하기 위하여 꼭 필요한 것이다. 세효(世爻)는 점을 치는 나의 일이고, 응효(應爻)는 내가 점친 길흉화복의 상태, 또는 내가 향하고자 하는 목표점의 미래를 알 수 있는 것이다. 또는 경쟁자나 변곡점의 일을 알아내기도 한다. 세효는 항상 왕상(旺相)하여야 하고, 응효는 나와 화합하는 일이라면 항상 나를 생(生)하거나 비화되어야 하고, 나에게 이롭지 않거나 나를 극(剋)하거나 휴수(休囚)하여 무력해지면, 저쪽의 일이 뜻하지 않게 잘못되어서 이루어지지 못한다. 또한 세효는 점치는 당사자이지, 본인의 일을 물어볼 때는 항상 용신(用神)과 위배되는 육친(六親)에 임하면 일이 쉽게 이루기가 무척 힘들다고 보는 견해가 유추되니 주의를 많이 할 수밖에 없다.

1

도교 명리학 운행(運行)

천간(天干)에는, 운행(運行) 작용 관계에서는 생(生), 극(剋), 방조(幇助)로 본다. 합(合)에 대해서는 그 뜻을 취(毻)할 수는 있다. 하지만 작용(作用) 관계에서는 극(剋)이다.

천간(天干)의 합(合) 甲 剋 己 合 化
乙 剋 庚 合 化
丙 剋 辛 合 化
丁 剋 壬 合 化
戊 剋 癸 合 化

乾命, 일간(日干) 甲, 丙, 戊, 庚, 壬 일 때 天干의 合干
坤命, 일간(日干) 乙, 丁, 己, 辛, 癸 일 때 天干의 合干 있으면 合

지지(地支)에서는 생(生), 극(剋), 충(沖)이 약하다.
충(沖) 5 : 1 亥巳, 子午, 申寅, 酉卯. 3 : 3 丑未, 辰戌.
육합(六合) 2 : 3 子丑, 卯戌, 巳申. 4 : - 4 寅亥, 午未, 辰酉.
삼형(三刑) 3 : 3 丑戌. -4 : 4 寅巳. 4 : - 4 卯子.

사주풀이에서 육친(六親)의 관계를 판단할 때 신금(辛金)은 해수(亥水)를 상생(相生)하니 육친(六親)의 관계에서 생(生)한다.

취(脆) : 지지(地支)에 未土, 戌土가 申金, 酉金이 일간(日干)이 庚金, 辛金일 때 취(脆)한다. 취하는 힘은 극(剋)하는 힘보다 강하다.

회(晦) : 지지(地支)에 辰土, 丑土가 巳火, 午火와 일간(日干)이 丙火, 丁火일 때 회(晦)한다. 회(晦)하는 힘은 극(剋)하는 힘보다 강(强)하다.

幫助(방조) : 오행(五行)을 생(生)해주고 도와준다는 뜻으로, 방(幫)은 생(生)하여 도와줌이요, 조(助)는 같은 오행(五行)으로 힘을 길러줌이다. 일주(日主)가 甲木, 乙木이라면 壬水, 癸水 인수(印綬)가 방(幫)이 되고, 비겁(比劫)이 조(祖)가 된다.

설(洩) : 일간(日干)이 戊土, 己土일 때 辰土, 丑土는 어디에 있어도 일간(日干)의 힘이 설(洩)한다. 辰土와 未土가 만나면 辰土는 未土를 설(洩)한다.

	甲(寅)	木	乙(卯)	
壬(亥)		仁		丙(巳)
水	知		禮	火
癸(子)				丁(午)
庚(申, 辰)	義		信	戊(戌)
金	辛(酉, 丑)		己(未)	土

	〈天干〉	〈地支〉
木	甲乙	亥 子 寅 卯
火	丙丁	寅 卯 巳 午 未 戌
土	戊己	巳 午 未 戌
金	庚辛	辰 丑 辛 酉
水	壬癸	辛 酉 亥 子 丑 辰

〈日干〉	〈아군〉	〈적군〉
甲 乙 :	亥 子 寅 卯	丑 辰 巳 午 未 戌 申 酉
丙 午 :	寅 卯 巳 午 未 戌	亥 子 丑 辰 申 酉
戊 己 :	巳 午 未 戌	子 丑 寅 卯 辰 申 酉 亥
庚 辛 :	辰 丑 申 酉	亥 子 寅 卯 巳 午 未 戌
壬 癸 :	申 酉 亥 子 丑 辰	寅 卯 巳 午 未 戌

<table>
<tr><td></td><td>生我
생아자인수
(生我者印綬)
나를 생하는 자
정인, 편인</td><td></td></tr>
<tr><td>克我
극아자관살
(克我者官殺)
나를 극하는자
정관, 편관(칠살)</td><td>我(나)
비화자비겁
(比和者比劫)
나와 같은 자
비견, 겁재</td><td>我生
아생자식상
(我生者食傷)
내가 생하는 자
식신, 상관</td></tr>
<tr><td></td><td>我克
아극자재성
(我克者財星)
내가 극하는 자
정재, 편재</td><td></td></tr>
</table>

2
수토동궁설(水土同宮說)과 화토동궁설(火土同宮說)

① 진토(辰土), 축토(丑土)와 해수(亥水), 자수(子水)가 사주원국(四柱原局)에서 천간(天干) 임수(壬水), 계수(癸水) 일간(日干)을 만나면, 아군을 만나 임수, 계수를 도와주나, 지지(地支)에서는 진토, 축토가 해수, 자수를 극(剋)한다.

② 진토(辰土), 축토(丑土)가 일간(日干) 병화(丙火), 정화(丁火)를 회(晦)할 때는 상관(食傷)으로 병화(丙火), 정화(丁火)를 회(晦)하며, 해수(亥水), 자수(子水)가 일간(日干) 병화(丙火), 정화(丁火)를 극할 때는 관성(官星)으로서 병화, 정화를 극한다.

③ 미토(未土), 술토(戌土)가 사화(巳火), 오화(午火)를 사주원국(四柱原局)에서 천간(天干) 병화(丙火), 정화(丁火) 일간(日干)을 만나면, 아군이 되어 병화(丙火), 정화(丁火)를 도와주나, 지지(地支)에서는 미토, 술토가 사화, 오화를 설(洩)한다.

④ 미토(未土), 술토(戌土)가 병화(丙火), 정화(丁火) 일간(日干)을 돕는 것은 식상(食傷)으로 도움을 주는 것이고, 사화, 오화가 병화, 정화 일간을 돕는 것은 비겁(比劫)으로 돕는 것이다.

⑤ 미토(未土), 술토(戌土)가 사주원국(四柱原局)에서 천간(天干) 경금

(庚金), 신금(辛金) 일간(日干) 취(脆)할 때는 인성(印星)으로 취(脆)하며, 사화(巳火), 오화(午火)가 사주원국에서 천간 경금, 신금 일간을 극(剋)할 때는 관성(官星)으로 극한다.

⑥ 진토(辰土), 축토(丑土)가 사주원국에서 무토(戊土), 기토(己土) 일간 만나면 비겁(比劫)으로 무토, 기토를 설(洩) 한다.

⑦ 진토(辰土)와 미토(未土)가 만나면, 진토는 미토를 설(洩) 한다. 여기서 말하는 일간(日干)은 일간 뒤에 숨은 실체를 두고 말함을 항상 유의해야 한다.

3

도교 명리학 감명 방법

경술년 경진월 정묘일 을사시 사주 辰月에 출생한 丁火 사주이므로, 木휴, 火왕, 水수, 金사, 土상 5단계의 가산점으로 강약을 부여하면, 왕:+2 상:+1 휴:+0 수:-1 사:-2처럼 될 것이다.

휴+0	상+1	사-2	사-2
④ 乙	① 丁	④ 庚	④ 庚
④ 巳	③ 卯	② 辰	④ 戌
왕+2	휴+0	상+1	상+1

① 일간(주어)

② 월령(목적어)

③ 월령(月令) 용신(用神) 기신(忌神) 분별

④ 일지와 동사와의 연관성

⑤ 왕쇠강약(旺衰强弱), 용신, 희신, 기신, 구신, 한신.

⑥ 생(生)과 극(剋)의 변화 관계

⑦ 사주의 강(强), 약(弱) 세력으로 구분

⑧ 용신(유용지신) 흐름 구분

⑨ 운(運), 대운(大運), 세운(歲運)

⑩ 도교 명리학 비법

성격(成格), 파격(破格) 구분

도교 명리학 이론 체계는 격(格)을 본다기보다는 세력을 중심으로 볼 수 있다. 사주팔자의 세력을 본다. 방법론을 살펴보면서 접근해 보자. 4가지 세력으로 방법론을 살펴본다.

세력 방법론 왕강약세(旺强弱勢)

① 종왕(旺) ② 신강(强) ③ 신약(弱) ④ 종세(勢) 바꾼다.

4부

도교 명리학 특징

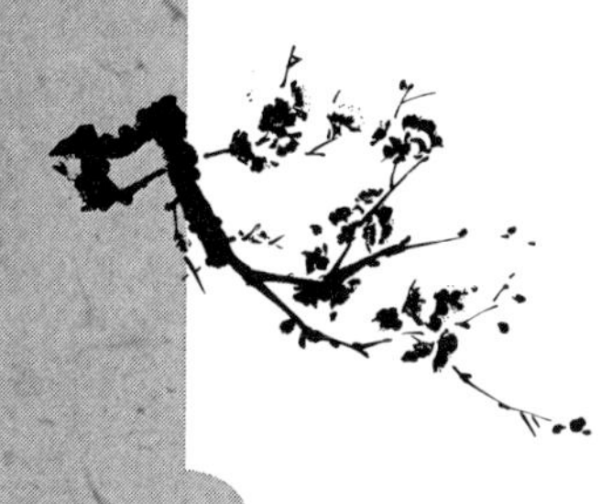

八字用神(팔자용신). 轉求月令(전구월령).
팔자의 용신은 오로지 월령에서 구한다.
以日干配月令地支(이일간배월령지지).
일간으로 월령의 지지에 배합하면
而生剋不同格局分焉(이생극부동격국분언).
생극이 똑같지 않은데 격국은 여기에서 나뉘어진다.
然亦有月令無用神者(연역유월령무용신자)
그러나 또한 월령에 용신이 없는 경우도 있으니,
將若之何(장약지하) 장차 어찌하겠는가?

『자평진전』 심효천 원본

명리학은 간지론(干支論)이다.

현대 명리학과 육임은 천간론(天干論)을 위주로 본다.

화토동궁설(火土同宮說)을 기본으로 본다.

천간론은 기(氣)를 중심으로 본다.

도교 명리학은 지지론(地支論)을 위주로 본다.

수토동궁설(水土同宮說)을 기본으로 본다.

지지론은 질(質)을 중심으로 본다고 할 수 있다.

도교명리학은 유용지신을 기본으로 중심점의 용신(用神)과 희신(喜神)과의 관계 기신(忌神)과 구신(仇神), 한신(閑神)의 관계를 살펴서 왕쇠강약(旺衰强弱)을 보는 학문이다. 단, 성격(成格)과 파격(破格)을 논함에 있어서는 4가지 방법으로 간략하게 세력위주로 살펴본다.

1

강격(强格)

월령(月令)을 기본으로 지지(地支)에 아군이 포진하면 신강(身强)이다. 일간(日干)이 월령(月令)에서 왕(旺)하여 생(生)하면 신강(身强)하거나 종왕(從旺)할 가능성은 많으나, 전부는 아니다.

1)	時	日	月	年
	癸	丁	癸	壬
	卯	巳	卯	寅

정화(丁火)가 묘월(卯月)에 생(生)하니 왕(旺)한데, 지지(地支)가 다 아군으로 형성되니 종왕(從旺)한다. 일간(日干)의 상태를 판별할 때 주요 작용은 지지에서 통근(通根)하고 있는가를 살펴봐야 한다. 천간(天干)의 작용은 크지 않다.

월령(月令)이 연(年)의 지지와 일(日)의 지지에 충(沖)과 극(剋)을 할 때는 시(時)의 지지가 아군인지 적군인지를 꼭 살펴보아라.

2)	時	日	月	年
	壬	丁	癸	壬
	子	巳	卯	戌

월령(月令) 묘목(卯木)이 술토(戌土)와 합화(合化)되고, 사화(巳火)한테

는 설(洩)을 당해서 두 번이나 극(剋)과 제(制)를 당했다. 이럴 때는 격국(格局)과 용신이 변할 수 있으니 조심해야 한다. 하지만 술(戌)과 사(巳)는 정화(丁火)의 아군이니, 정화(丁火)는 신강(身强)으로 봐야 한다. 월령(月令)을 극(剋)과 제(制)를 한두 글자가 다 일간(日干)의 적군이면, 일간이 약하나 종세(從勢)까지는 못한다.

3)	時	日	月	年
	乙	甲	癸	丁
	丑	申	卯	酉

묘월(卯月)의 갑목(甲木)이다. 월령(月令)의 묘월(卯月)이 묘유(卯酉) 충(沖)하고, 묘신(卯申)으로 두 번 극(剋)과 제(制)를 당하고 있다. 월령을 극(剋)과 제(制)를 하여 일지(日支)가 시지(時支)한테 극과 제를 당하면, 월령은 한번 극과 제를 당한 걸로 한다. 신약격(身弱格)이다.

4)	時	日	月	年
	甲	甲	癸	丁
	子	申	卯	酉

역시 묘월(卯月)의 갑목(甲木)이다. 월령(月令)을 두 번 극과 제를 한다. 적군이 월령을 극과 제를 하며 일지(日支)가 시지(時支)에게 극과 제를 당하므로, 월령은 한 번 극과 제를 당한 걸로 친다. 신강격(身强格)이다.

5)	時	日	月	年

癸	壬	甲	乙
卯	子	申	巳

신월(申月)의 임수(壬水)이다. 월령을 극과 제를 당하여 두 글자가 아군과 적군으로 포진해 있다. 신강격(身强格)이다.

6)

時	日	月	年
庚	丙	丙	己
寅	寅	寅	酉

인월(寅月)의 병화(丙火)이다. 월(月), 일(日), 시(時)가 다 아군이다. 연주(年主)만 적군이다. 월령을 극과 제를 한다. 일간(日干)의 손상은 없다. 신강격(身强格)이다.

7)

時	日	月	年
甲	甲	戊	乙
戌	申	寅	卯

인월(寅月)의 갑목(甲木)이다. 신강격(身强格)이다.

8)

時	日	月	年
庚	壬	庚	庚
戌	辰	辰	寅

진월(辰月)의 임수(壬水)이다. 신강격(身强格)이다.

9)

時	日	月	年
壬	乙	甲	癸
午	亥	寅	丑

인월(寅月)의 을목(乙木)이다. 신강격(身强格)이다.

10)

時	日	月	年
己	癸	癸	癸
未	亥	亥	亥

해월(亥月)의 계수(癸水)다. 신강격(身强格)이다.

11)

時	日	月	年
丁	癸	癸	癸
巳	亥	亥	亥

해월(亥月)의 계수(癸水)다. 종왕격(從旺格)이다.

12)

時	日	月	年
乙	丁	丙	甲
巳	丑	寅	寅

인월(寅月)의 정화(丁火)다. 신강격(身强格)이다.

2

약격(弱格)

월(月)에 지지(地支)가 다 적군이면 종약(從弱)한다. 일간(日干)이 극(剋), 설(洩), 회(晦), 취(脆) 등, 쇠(衰)한 월(月)에 생(生)하면, 대부분은 신약(身弱)이나 종세(從勢)하는데, 극소수 왕(旺)한 격(格)도 있다. 그러나 신강(身强)은 절대로 못 한다. 여기서도 월령(月令)이 두 번 극(剋)과 제(制)를 받으면 격(格)이 변할 가능성이 있다. 왕한 격과 반대다.

1)

時	日	月	年
丙	戊	戊	丁
辰	寅	辰	亥

천간(天干)은 다 아군이나 신약(身弱)한 이유는 천간의 에너지는 기(氣)이기 때문이다. 지지(地支)에는 도움이 약(弱)하다. 신약격(身弱格)이다.

2)

時	日	月	年
丁	丙	丙	丙
巳	子	子	子

3)

時	日	月	年
丁	丙	丙	

未	子	子	子

천간(天干)은 다 아군이고 지지(地支)에는 적군이 있다. 신약격(身弱格)이다.

4)

時	日	月	年
辛	壬	壬	壬
亥	戌	戌	戌

5)

時	日	月	年
辛	壬	壬	壬
丑	戌	戌	戌

천간(天干)이 다 아군이고, 지지(地支)에 아군 하나 있으면 종세사주(從勢四柱)는 아니다. 신약격(身弱格)이다.

6)

時	日	月	年
丁	丙	庚	庚
巳	子	子	寅

7)

時	日	月	年
丁	辛	甲	癸
酉	丑	寅	卯

지지(地支)에 아군 둘이면 종세사주(從勢四柱)는 될 수 없다. 신약격

(身弱格)이다.

8)	時	日	月	年
	壬	癸	丁	壬
	子	巳	巳	子

9)	時	日	月	年
	丁	乙	乙	癸
	丑	丑	丑	卯

연주(年主)가 아군으로, 월주(月主)를 극(剋)하면 종세(從勢)는 못 한다. 강사주(身弱四柱)이다. 수토동궁을 이해해야만 한다.

10)	時	日	月	年
	癸	己	癸	癸
	酉	巳	亥	卯

다 적군이나 일지가 아군일 때, 신약사주(身弱四柱)이다.

월령(月令) 득시하고 지지(地支)가 다 아군이면 신강사주(身强四柱)이다. 월령 실시해 지지가 다 적군이면 신약사주(身弱四柱)이다. 월령 득시하고 지지에 적군이 둘이면 신강사주이다. 월령 실시해 지지에 아군이 둘이면 신약사주이다.

〈대운(大運) 감명법〉

대운(大運)이 사주원국(四柱原局)에 작용하지, 사주원국이 대운에 작용하는 것이 아니다. 대운은 사주원국의 일부분이다. 대운의 천간(天干)은 사주원국의 각 사(四)선으로 작용한다. 대운의 사주원국에 일간(日干)을 제외하고는 일곱(七) 개의 글자와 작용할 때, 아군의 작용력은 크고 적군의 작용력은 작다. 대운의 십 년(十年) 대운은 일주(日主)의 십 년 기간의 발전과 변화의 전체를 살핀다.

11)	時	日	月	年
	丙	庚	辛	庚
	子	子	巳	子

세운(歲運), 대운(大運), 사주원국(四柱原局), 건(乾)명

乙　　丁

酉 대운(大運)　亥 세운(歲運)

연(年)에 乙木이 丁火를 생(生)하니 丁火가 관성(官星)이다. 사업은 평범했다. 재성(財星), 용신(用神)인 乙木이 丁火를 만나니 설(洩) 당한다. 그 일의 결과는 마누라의 어머니 장모가 돌아가셨다. 사주원국(四柱原局)의 사업은 평범했다. 그러나 이 丁亥년(年)에는 사업을 성공했다. 그러니 乙木 정재용신(正財用神)이 만약 용신이 아니고 기신(忌神)이었다면 결과가 다를 것이다. 이 약해진 바람에 丁亥년(年)에는 성공했다. 그다음 유추한다면 丁火의 기운이 天干의 比劫인 辛金, 庚金 등, 기신을 극(剋)한 것일 것이다.

乙　　　丁

酉 대운(大運)　亥 乙年은

동효(動爻)이고, 丁火 세운(歲運)은 변효(變爻)이다. 동효(動爻)가 설(洩) 당하니 결론은 丁火의 결과이지, 乙木의 결과로 볼 수는 없다. 대운(大運)은 사주원국의 일부분으로 용신(用神)이 극(剋), 제(制)를 당하면 흉(凶)하고, 흉신(忌神)이 극(剋), 제(制)를 당하면 길(吉)하다. 사주원국 팔자(八字)에 안 보이는 오행(五行)이 용신(用神)이면 평생 그로 인해 흉일 때가 많고 기신이면 필히 이로 인해 길할 때가 많다. 사주원국과 대운(大運)은 운명이란 공동 운명체로서, 즉 다시 말하면 운명이란 각본으로 일주(日主)를 주인공으로 평생 동안 우여곡절이라는 드라마를 펼쳐가면서 살아가게 되는 것이다. 십신(十神)과 오행(五行)의 관계는, 오행은 명(命)의 선천적 본질이고, 십신은 명의 후천적 본질이라는 것이다. 즉 오행이 사회화와 인격화한 현상이다.

5부

도교 명리학 통변

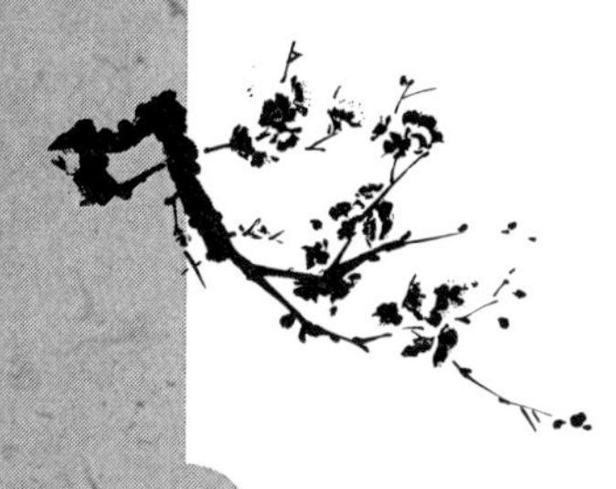

예측을 어떻게 할 것인가. 사주(四柱)풀이는 십신(十神)을 얼마나 잘 표현하는가에 달려 있다. 오죽하면 사주명리학을 십신에 의존해서 보다 보니 십신(十神)의 폐단이 깊어, 사주명리학의 통변 방법과 이론에서 십신에서 벗어나 오행(五行) 중심의 통변 방법으로 바뀌겠는가. 내담자가 와서 상담하는 것은 의사 선생님이 환자를 치료하는 상태와 비슷한 과정이다. 즉 환자가 전문의를 찾는다는 것은 의사 선생님의 전문적 지식을 신뢰한다는 뜻이며, 몸에 병이 생겼기 때문이다. 고객이 당신을 찾아왔다는 것은 정신적 스트레스가 너무 강하기 때문일 것이다. 즉 생활에서 곤경에 빠지지 않았다면 당신을 찾을 리 없다는 것이다. 실전에서 가장 많이 사용하는 방법이다.

고객이 오면 우선 먼저 해야 할 일은 사주(四柱)와 대운(大運), 그리고 대운이 일어나는 세운(歲運)부터 확인해야 한다. 그게 급선무다. 이땐 어떤 물음도 신중하게 생각해야 한다. 당신의 물음에 회답하는 고객의 회답이 바로 문제의 중심점이다. 이로써 그가 사업, 혼인, 재물, 자식, 부모 등 중에서 어떤 문제를 중심으로 해서 당신을 찾아왔는지 확정할 수 있을 것이다. 동시에 또 이 물음은 고객의 사주팔자의 차원을 결정해주는 역할도 한다. 이때 당신이 확인해야 할 중요한 일은, 고객이 당신을 찾게 되었을 때, 흉(凶)의 기운이 강한지 약한지를 봐야 한다. 좀 더 구체적으로 표현한다면, 대운(大運)과 세운(歲運)이 사주원국에 미치는 중심점이 나쁜 작용을 했다든지, 진행 상태인지를 판단해야 하는 것이다. 그래서 당신이 제일 먼저 해야 할 비즈니스라면, 신속히 사주원국에서 그 중심점을 찾는 것이다. 이 절차는 육효(六爻)에서 응효(應爻)를 찾는 것과 같은 의미를 가진다.

그 다음 당신이 해야 할 일은 대운과 세운을 사주원국에 비교하여, 네 글자 중 한 글자, 혹은 몇 글자가 그 중심점(태극점)으로 같이 작용·해줬는가를 판단·분석하는 것이다. 여기에서 당신의 실전 능력이 증명된다. 의사 선생님들의 초기 정확한 진단이 중요한 이유는, 경험도 중요하지만 환자를 사랑하는 마음에서 나타난다고 생각하기 때문이다. 우리는 찾아온 고객의 병을 확인할 때 정확도가 높아질 것이다. 우리는 반드시 외형상 완벽한 고객이라 할지라도 문을 열고 당신을 향해 들어온다면, 절대로 있을 수 없는 것이라도 꼭 믿고 고객의 힘이 돼주어야만 한다. 예측을 잘하자면 반드시 승인을 해야 하는 모드가 있다. 두 가지 미션을 잘 완성하여 기본 모드를 익혀야 되는데, 그것은 정태(情態) 조건에서 사주원국을 잘 분석하는 것이다. 정태(情態) 구분에서의 사주원국을 분석하는 기본 모드 방법을 알아보자.

사주원국에서 먼저 중심점(태극점)이 어디 있는지를 알아보자. 즉 최대의 용신(用神)과 유용지신(有用之神)한테 작용하는 오행(五行)과 그들의 십신(十神) 신분이다. 일반적으로 말해서 연간(年干)과 일지(日支)가 그 담당자이다. 연간은 언제든지 일간을 응효(應爻)함으로써, 일간의 외부세계와 외부 환경의 영도, 사회가 일주(日主)를 인정하는 정도, 일주의 교제 능력 등을 대표하고, 일지(日支)는 일간의 가정, 빈부, 결혼 등 가장 중요한 내부의 환경을 대표하기 때문이다. 일단 사주원국에서 최대의 용신이 확정되면, 기타 십신(十神)들은 그 중심점

(태극점)에 대한 태도로 자신의 용신, 기신(忌神)의 신분으로 확립한다. 이때 용신, 기신이 가장 많이 전환된다. 이것 역시 정태(情態)의 구분과 사주풀이에서 가장 중요한 포인트다. 이때 일간을 기준으로서가 아니라, 일간한테 가장 중요한 용신(用神)을 기준으로 해서, 기타 오행(五行)들의 용신, 기신의 신분을 확정한다. 이때 알아야 할 점은 인수성(印綬星), 관살성(官殺星), 재성(財星), 식상성(食傷星), 비겁성(比劫星)이다. 천간(天干)에서의 운동선로와 지지(地支)에서의 운동선로를 따로 분석해야 한다.

<table>
<tr><td>時干</td><td>→
린효</td><td>日主</td><td>←
린효</td><td>月干</td><td>→
互
←</td><td>年干</td><td rowspan="2">應
爻
六
親</td></tr>
<tr><td>時支</td><td>←
互
→</td><td>日支
世爻, 六親</td><td>→
互
←</td><td>月支</td><td>→
互
←</td><td>年支</td></tr>
</table>

가. 연간(年干)의 신분과 일간(日干)과의 관계를 가장 먼저 파악해야 한다.

제일 중요한 것은 연간은 일간과 월간(月干)에 대한 작용으로서, 일간에 대한 태도를 표명한다. 월간과 일간의 관계인데, 이때 월간은 일간과 연간에 대한 작용으로서, 일간에 대한 태도를 표명한다. 월간은 경쟁자, 단위, 형제 등을 대표한다. 시간(時干)과 일간의 관계를 보면, 일반적으로 시간은 일간의 미래와 내심 세계를 대표한다.

나. 지지(地支)의 존재 상태를 분석한다. 일지(日支)가 용신(用神)이라고 판단될 때는 곧바로 일지와 일간의 관계가 가장 중요한 관계로 변한다. 일지가 용신이면 곧바로 일지가 이 사주원국(四柱原局)에서 가장 중요한 중심점(태극점)으로 확정될 수 있다. 그 이유는 일지라는 특수한 위치로 인하여 일간한테 부여하는 작용력이 가장 막강하기 때문이다. 그런데 문제의 키워드는 일간에 대한 일지의 작용력(作用力)이 크고 작고는 일지 자신에게 달린 것이 아니라, 일지와 월지(月支), 시지(時支), 심지어는 연지(年支)와의 작용 관계로 결정된다. 지지에서도 억부(抑扶) 작용이 있으니 연지가 일지에 직접 작용할 수는 없으나, 연지는 월지에 대한 작용으로 일지에 대한 태도를 표명하고, 월지는 일지와 연지에 대한 작용으로 일지에 대한 태도를 표명한다. 소위 '태도를 표명한다'라는 말은 일지에 대한 작용으로서, 용신(用神)이 되느냐, 아니면 기신(忌神)이 되느냐, 혹은 용신과 기신의 작용을 다 일으키느냐 하는 말이다. 용신, 기신의 전환점이 가장 많이 생길 수 있는 이유는, 이 점을 파악하지 못하면 사주를 파악하는 데 전반적인 오류가 발생하기 때문이다. 이상으로 말한 일체 작용은 다 오행(五行)으로 진행되나, 최종 결과는 다 십신(十神)으로 표현된다는 점에 각별히 유의해야 한다.

다. 중심점(태극점)을 찾을 때 주의할 점은, 양(陽)은 친구, 음(陰)은 형제, 양은 재성의 운(運), 음은 부인, 시주(時主) 천간(天干)은 후배, 학생, 부하, 시주, 지지(地支)는 자녀, 양은 관운(官運), 음은 남편 등이다. 성(星)과 궁(宮)을 함께 참조하는데, 성에 있으면 성을 중심으로 보고, 성이 안 보이면 궁을 본다. 그래서 재성(財星)이나 관성(官星)이 없으면 일지를 살펴보고, 형제가 없으면 월간을 보며, 자녀가 안 보이면 시주를 본다.

육친(六親) 전환을 살펴볼 때 용신, 기신이 전환될 수 있을 뿐 아니라 육친도 전환될 수 있다. 오행(五行)으로 볼 땐 상생상극(相生相剋)을 중심으로 살펴보며 전환할 때가 있는데, (木과 土), (金과 火), (水와 土), (水와 火), (金과 木)을 유심히 살펴야 한다. 육친으로 본다면 식상(食傷)은 관살(官殺)으로 전환할 수 있으며, 비겁(比劫)은 재성(財星)으로 전환할 수 있다. 겁재(劫財)가 기신이면 겁재를 극(剋)할 때 오히려 재물이 생길 수 있다. 또 기신을 극제(克制)하면 기신을 얻고, 용신을 극제하면 용신을 잃어버리는 모드가 있다. 기신이 재성일 때 기신인 재성을 극제해버리면 마찬가지로 재(財)가 생길 수 있다. 본질적으로 말해서, 고객이 당신을 찾아왔다면 흉(凶)의 기운이 응(應)기 중이거나 응(應)이 진행 중이라고 생각하면 된다. 그러니까 길(吉)과 흉(凶)이란 무엇인가, 응기란 어떻게 진행, 형성되는가를 알아야 할 것이다. 즉 고객이 와서 당신한테 물은 그 문제는 어느 글자이고, 그 글자에게 영향을 준 다른 글자는 어떤 글자인가, 이 문제의 해결책은 무엇인가를 알려주는 것이 당신의 미션이라는 것이다.

소위 길, 흉이란 사주원국에서 오행이 대운(大運), 세운(歲運) 중에서의 용신, 기신으로 나누는 과정에서 강(强)과 약(弱)의 상태로 결정한다. 용신이 강하고 기신이 약하면 길(吉)하다고 하고, 용신이 약하고 기신이 강하면 흉(凶)하다고 한다. 소위 응(應)기란 용신과 기신이 대운과 세운 공동의 작용으로 살피는 것이다. 용신과 기신은 쌍중수제(雙重受制), 쌍중수생(雙中綬生), 생용제기(生用制忌), 생기제용(生

忌制用), 일신다용(一神多用), 간지균길(干支勻吉), 간지균흉(干支勻凶), 혼잡수제(混雜受制), 혼잡수생(混雜受生), 천극지충(天克地忠), 천극지형(天克地刑) 등이 있다. 이것이 바로 길흉응기(吉凶應氣)의 가능한 형태들이다.

① 용신과 기신의 힘이 뚜렷하게 커지는 해를 찾는다.

② 사주원국의 조합에 대운(大運)과 세운(歲運)이 나타난 해를 찾는다.

③ 사주원국의 중요한 용신, 기신이 대운과 세운에 출현할 때 찾는다.

④ 조합해서 중심점이 파괴당하는 연(年)을 찾는다.

⑤ 특수한 조합이 생기는 연(年)을 찾는다.

時	日	月	年
乙	庚	庚	辛
酉	子	子	丑

자월(子月), 경금(庚金)이다. 경금이 자월에 생(生)해 약한데, 지지(地支)에 아군 축(丑)이 있어 신약(身弱) 사주이다. 이 사주팔자에서 유금(酉金)은 선천에서는 일간(日干)의 아군으로 용신(用神)이나, 후천에서는 자수(子水)를 생(生)해 기신으로 되어버렸다. 월지(月支), 자수(子水)도 일지(日支)의 자수(子水)를 도와 기신이 되어버렸다. 이렇게 일지란 중요한 존재를 대함으로써 다 자기의 입장을 표명한 셈이다. 일지가 용신일 때 생(生)해주면 용신이겠으나, 일지가 기신일 때 도와주면 그땐 용신인 게 아니라 기신이 되어버리는 것이다. 지지(地支)에선

오직 축토(丑土)가 자수(子水)를 합(合)하고 경금을 생해주니 용신이라고 생각되나 힘이 너무 약하다. 말하자면 일주(日主)의 생존 지도는 아주 힘겹다는 것이다. 다행히 천간(天干)에서 연간(年干), 월간(月干)이 아군으로 미약하지만 도와주고 있다. 다른 사람들의 방조를 잘 받을 수 있는 팔자이다.

팔자의 유금(酉金)은 자수(子水)를 생하고 축토(丑土)를 설(洩)해서 아주 흉하다.

時	日	月	年
庚	戊	丙	丙
申	寅	寅	寅

甲癸壬辛庚己戊丁
戌酉申未午巳辰卯

건(乾)명, 인월(寅月), 무토(戊土)이다.
지지(地支)가 다 적군이다. 종세격(從勢格)이다.
천간(天干)에 병화(丙火)가 가장 큰 기신이다.
임신(壬申), 대운(大運)에 임신(壬申), 연(年)이 가장 행복했다.
갑술(甲戌), 대운에 갑신(甲申), 연(年)이 제일 엉망이었다.

時	日	月	年
庚	戊	甲	壬
申	申	辰	戌

壬辛庚己戊丁丙乙

子亥戌酉申未午巳

건(乾)명, 진월(辰月), 무토(戊土), 일간(日干)이다.

임수(壬水), 대운(大運), 갑년(甲年)에 세운(歲運)에 사주원국을 살펴보면, 생(生), 설(洩)의 관계는 영원히 쌍방에 다 결과가 있다는 데 주의해야 한다. 임수가 갑목(甲木)의 관성(官星)을 생(生)해서 일간, 무토를 극(剋) 했다는 것은, 이 갑년에는 필히 관성(官星)이 응길(應吉)이 된다는 것을 설명한다. 사업이 잘된다, 혹은 승진한다 등이다. 그러나 임수는 갑목(甲木)을 생(生)하여 주는 동시에 자신은 설(洩)을 당했다. 임수는 편재(偏財), 용신(用神)이다. 임수의 응(應)은 꼭 나쁜 것임에 틀림없다. 사주원국은 젊은이다. 임수가 편재로서, 관성 이론으로 볼 때 부친(父親)의 일이 응(應)할 가능성이 아주 컸다. 갑년에 학교에서 학생회 회장으로 당선됐으나 아버지는 돌아가셨다. 이것이 바로 사람들의 생활 현상이다. 길하다고 해서 다 좋은 것은 아니다. 우리의 생활 모습이다.

時	日	月	年
丁	癸	乙	戊
巳	卯	卯	戌

丁戊己庚辛壬癸甲

未申酉戌亥子丑寅

丁　　　　　　己

卯年에 이혼　　巳年에 남편 사망

곤(坤)명, 묘월(卯月), 계수(癸水)이다. 계수(癸水)가 묘월(卯月)을 생(生)해주고 있으니 힘이 약하다. 월령(月令)이 술(戌)을 합(合)하고 있으니 격국(格局)은 안 변했다. 지지(地支)에 적군이 포진하고 있다. 아군이 안 보인다. 종세격(從勢格)이다. 즉 선천(先天)에서는 다 용신이라는 것이다. 그런데 왜 이혼했을까. 그것도 모자라 남편이 사망까지 했을까. 자, 이제 사주원국을 보자. 지지(地支)에 巳, 卯, 卯, 戌이라는 조합에서 일지(日支)의 묘목(卯木)이 가장 큰 용신이라 했다. 그런데 술토(戌土)는 연지(年支)와 월지(月支) 묘목을 합하므로 일지, 묘목을 설(洩)함으로써 술토(戌土)와 사화(巳火)는 용신의 신분에서 기신(忌神)으로 신분의 전환했다. 후천(後天)에서 기신이다.

용신이 기신되는 사주의 전환점을 잘 살펴야 된다. 용신과 기신의 전환법을 이해 못 하면 이 사주원국에서 남편이 기사년(己巳年)에 사망한 명리적(明理的) 원인을 찾기 힘들 것이다. 이 사주는 극(剋), 부(父)의 사주이다. 연지(年支)에 있는 술토(戌土)가 용신에서 기신으로 바뀐 이유에는 아주 강렬한 정보가 실려 있다. 즉 상대적으로 말해서 연지에 있는 육친(六親)은 월지보다 더 먼저 간다는 뜻이 담겨 있다. 사주팔자가 강렬한 극(剋), 부(父)의 정보가 있다는 이유는 첫째는 연주(年主)에 있기 때문이고, 둘째는 용신이 기신으로 변했기 때문이다. 이런 팔자의 소유자한테 장가 온 남편의 불행이라 해야 할 것이다.

이 실례야말로 우리로 하여금 궁합이 맞는다는 것의 진실한 의미가 무엇인지를 알게 한다. 사람들은 가끔 궁합이 맞는다는 것은 좋을 때로만 생각하는데, 결혼 후에 이혼하든지 안 하든지, 다 자기 사주에 숨어 있는 정보의 구체적인 정황이다. 이혼해도 궁합이 맞는 것이고, 이혼 안 해도 궁합이 맞는 것이라 할 수 있다. 무슨 뜻인가 하면, 이 여자한테 장가온 남자와 이 여자야말로 결혼 궁합이 맞아 운명이 정확하다는 것이다. 결론은 왜 기사년(己巳年)에 사망했는가 하는 이유다. 자, 사화(巳火)가 술토(戌土)를 기신으로 생(生)하고 그를 잡아주고 있던 용신인 묘목을 설(洩)해서 이렇게 한쪽을 가해주고 다른 한쪽을 감해주는 방식으로 상생(相生)한 것 같은 작용을 했다는 것이다. 그 술토를 붙잡아주던 손을 놔버리자 그 술토의 장본인은 정말 하늘나라로 가버린 것이다. 곤(坤) 명의 사주원국에 관성(官星)을 대표하는 술토 기신이 상생하는 그해에 이미 이혼해 나간 그의 전 남편이 정말 죽었단 사실은 우리로 하여금 궁합의 진정한 의미가 무엇인지를 생각하게 된다.

이혼해 나간 부처지간(夫妻之間)의 사주를 많이 봤는데, 어느 한 사람만 이혼 정보가 있고 다른 한쪽의 사주원국에 이혼 정보가 없는 실례를 하나도 보지 못했다. 즉 결혼한 한 쌍은 우연 속에 필히 일종의 필연이 들어 있기 때문인데, 그것이 바로 궁합이라는 것이다. 순기자연(順其自然)에서 찾아보면, 최고의 결혼이란 바로 일체 자연에 맡기는 것이다. 소위 남녀지간에 결혼이란 하늘의 뜻인데, 명리(命理)를 하는 사람들이 인위적으로 모종의 방식을 만들어 무한히 확대한 현상에 불과하다. 정유년(丁酉年)에 이혼했다는데 그 명리학적인 근원은 무엇인가?

대운(大運), 임자년(壬子年), 운에 이 여자가 이혼한 이유를 보자. 남자의 바람기가 진행 중이었다. 도저히 살 수 없었다. 이때 우리가 보는 시각을 달리해서 사주원국에서 남편을 본다면, 즉 술토(戌土) 입장에서 임자년, 대운은 다 편재(偏財)인 것이다. 이 대운에서 이 술토의 주인이 바람을 안 피울 수 있겠는가. 이 여자의 입장에서 본다면, 이혼도 양변에서 질변을 초래한 과정이 있었을 것이라고 본다. 그럼 왜 하필 정묘년(丁卯年)에 이혼을 했을까? 즉 왜 묘년(卯年)이란 사주원국의 최대 용신인 해년(亥年)에 이혼했을까? 이혼과 사망은 겉보기엔 다 여자에게 불리한 결과 같지만, 기실 내면에서는 완전히 다른 성질이 담겨져 있는 것 같다. 묘목(卯木)은 여자가 손을 써서 술토를 더욱 더 힘차게 합(合)해줌으로써 그를 징벌해주는 의미가 있는 것이다. 사실상 여기서의 성패(成敗)는 여자가 이긴 것이다.

하지만 이럴 땐 임자년 대운임을 잊지 말아야 한다. 자수(子水)가 묘목(卯木)을 생(生)함은 형(刑)이면서 생(生)의 개념이다. 아픔이 있다는 것이다. 그러니까 이 여자가 남자를 징계는 했지만, 가슴은 아팠을 것이라는 것이다. 2년 후 기사년(己巳年)에 남편의 사망 소식으로 쌍방이 상처를 입었다. 그건 숙명으로서, 사람은 운명 앞에선 어쩔 수 없는 것이다. 후에 그 여자는 다시 재혼했다가 또 이혼하고 일본으로 갔다. 생계를 위해서 떠났다면 명리(命理)에 부합된 행동을 했다고 본다. 연간(年干)의 무토(戊土)가 관성(官星)으로서 본 팔자(八字)에선 사업을 의미하는데, 연간에 글자가 있음은 멀리 갈수록 좋다는 것을 의미하기도 한다. 비록 무토(戊土)는 을목(乙木)한테 극(剋)을 당해 그리 왕(旺)하지는 않아 사업을 해도 그리 순조롭지 못할 테지만, 그래도 이건 하늘에 순종한 것이므로 국내에서 일을 도모하는 것보다는 좋을 것이다.

을목(乙木)은 무엇인가? 그가 다닐 회사, 그의 경쟁자, 그의 아이디어 등이다. 기신으로서 무토는 용신 을목(乙木)에게 극(剋) 당하고 있다. 생각하건대 나아가서도 큰 직장엔 못 다닐 것 같다. 그리고 종종 어리석은 아이디어로 경쟁자들한테 뒤처질 것이다. 을목이 왕(旺)할 때마다 말이다. 이 사주원국에는 기신인 금(金)이 없다. 금은 일간 계수(癸水)를 낳은 인(印)으로서, 그의 기본 기능인 바로 이 세계를 인식하는 능력을 가리킨다. 이 여성은 잔머리로는 을목을 잘 못 쓰지만, 지성(知性)은 상당히 높을 것이다. 이 팔자의 특별한 길성(吉星)은 해수성(亥秀星)이다. 팔자의 역할만 정확히 정해놓으면 길흉은 자연히 알 수 있다. 그 다음 십신(十神)이 생(生)이나 극(剋)을 당한 정도에 근거하여 언제 어떤 응(應)이 있는지를 알게 되는데, 이걸 응사(應事), 즉 응사판단(應事判斷)이라 하는 것이다.

① 사주원국(四柱原局)에서 대운(大運)과 세운(歲運)의 응사(應事)를 살펴본다. 이 두 개 방면에 어느 글자가 손상당하거나 생(生)을 당해도 다 상응한 응(應)이 있다.

② 병(病)과 약(藥)의 응사(應事)로 용신(用神)이 십신(十神)에 의해 약하면 그 십신(十神)으로 인하여 흉하다. 기신이 십신으로 인하여 약하면 그 십신으로 길하다.

③ 사주풀이를 할 때, 사주에는 신축성이 있으므로 각별히 유의해야 한다. 재운(財運)이 좋았다 해서 돈에서 좋은 것이 아니라, 결혼하여 부인이 좋았다거나 혹은 부친이 좋았다거나 하는 각종 가능성이 다 열려 있다는 것이다.

부모(父母)와 육친(六親)이 좋았다면 집을 물려받아 부유하든지, 학업을 오래할 수 있어 명예가 생기든지, 운에서는 좋은 무엇인가의 가능성에 맞추어봐야 할 것이다. 우리도 운수가 좋을 때는 단번에 맞을 수 있지만, 운수가 나쁠 때는 십신(十神)의 범위에서 몇 마디를 더해야 맞출 수 있다. 언어의 미학이 그만큼 중요하다는 것이다. 결혼의 길(吉)과 흉(凶) 정도를 파악하여 성격이 맞지 않다거나 갈라져 있어야 하거나 이혼하지 않은 상태, 즉 이혼한 상태, 사망했거나 감정이 격해져 있어 원수 같은 상태나 불길한 상태가 지속되는 등이 대다수이다.

이럴 때에는 결혼의 상태는 만족할 수 없는 상태를 나타내며, 감정은 있으나 애정이 아직 정리 안 된 상태이며, 애정도 없는 상태의 관성은 직장, 수옥, 스트레스 등 직무적성이 맞지 않다. 감옥살이를 하다. 폐쇄적인 공간에 갇히다. 관성의 운이 약해지면 꼭 응(應)이 있다. 어느 정도인가 본인의 노력에 있느냐 종합 판단해보면, 사주원국에 관(官), 재(財)의 정도에 따라 어떤 응(應)이 오는지 살펴봐야 한다.

재성(財星)의 강도에 따라 수입이 감소한다거나, 재산이 손실된다거나, 부도난다거나, 결혼생활이 안 좋거나, 어떤 십신(十神)의 글자가 재성(財星)에 영향을 미쳤느냐에 따라 잘 살펴봐야 한다. 비겁(比劫)이면 부도를, 관성이면 구설수와 손실, 인성(印星)이면 수익의 감소를. 십신에 따라 정도나 성질이 다른 것이다. 어떤 길과 흉의 응기(應氣)가 체(體)요, 그것을 표현하는 것이 용(用)이다.

체용(體用)의 관계를 잘 살펴보자. 예측해볼 때 십신의 합(合)은 어떻게 사용되는가. 직업을 선택할 때 정관(正官)이나 정재(正財)가 용신(用神)이면 전통적이면서도 엄격하고 정확하다. 화이트 컬러(사무실, 행정) 일을 할 수 있다. 정인(正印)이 용신이면 학술과 관련되거나 컨설팅 사업이 맞고, 상관(傷官)은 이벤트가 적성이다. 표현 능력이 좋기 때문이다. 상관, 편인(偏印)은 만족할 줄 모르고, 식신(食神), 정인(正印)은 인내심이 좋다. 겁재(劫財)는 행동력이 좋고, 편관(偏官)은 공간 능력이 뛰어나며, 정관(正官)은 마음이 깊고, 정인(正印)은 사고력이 좋고, 식상(食傷)은 교제성이 좋고 친철하다.

총체적으로 우리를 찾아오는 손님은 99%가 고달픈 사람임을 알아야 한다. 그렇기에 당신의 마음이 가장 중요한 약(藥)이 된다는 점을 인지했으면 한다. 당신에게 상대방에 대한 인간을 사랑하는 기본적 마음이 없다면, 아무리 상담을 잘해도 상대방은 심령의 상처를 치유받기 힘들다는 것이다. 어떤 사주팔자도 다 그 사람을 살 수 있도록 한 생존 지도가 있다. 우리가 할 일은 바로 그것을 찾아내어서, 그 길을 잘 걸어가도록 방향제시를 해주는 것이다. '성격이 운명을 고친다'라는 격언을 꼭 기억해주길 바란다. 사주팔자란 사주원국에서의 용신에 대한 주제를 보는 것이다. 사람의 성격상 가장 큰 성격의 결함으로 볼 수 있다. 그 점에 착안해서 그토록 치명적인 성격으로 인하여 초래되는 불길한 기운(氣運)을 최소화하게 해주는 것이 우리의 일이다.

時	日	月	年
丁	丁	癸	己
卯	巳	酉	未

乙丙丁戊己庚辛壬

丑寅卯辰巳午未申

건(乾)명, 사주원국의 팔자 풀이를 해본다면, 유월(酉月)의 정화(丁火)이다. 정화가 가을에 태어났다. 중심점을 찾아봐야 한다. 하나의 글자가 문제가 되든지, 아니면 두 개의 글자가 종종 문제를 일으켜 문제의 작용을 한다. 그 글자를 찾아내는 것이 바로 사주팔자를 제대로 살펴서 보았는가, 제대로 살펴보지 않았는가 하는, 고수가 되는 첫 번째 관점의 차이가 된다. 중심점은 태극점이다. 항상 태극점의 이동 변화를 주의해봐야 한다. 이 사주팔자는 중국의 원세개 팔자다. 중화민국의 대총통을 하다가 시대의 흐름을 거슬러 봉건제도를 복원시켜 황제로 복역했다. 그러나 주위 모든 사람들의 배신으로 목숨까지 잃어버렸다. 어느 운(運)에 인생이 힘들었을까?

이 사주팔자는 계수(癸水)가 용신(用神)이다. 가장 큰 기신(忌神)은 일지(日支)의 사화(巳火)이다. 이 사주팔자를 살펴보는 방법은 용신의 연(年)을 찾기보다는 기신이 왕(旺)하지 않아야 좋고, 대운(大運)을 잘 만나면 더욱 좋고, 그 중에 나쁜 대운이라면 기토(己土) 대운이다. 왜냐하면 기토가 월간(月干)의 계수(癸水) 용신을 극(剋)해버리니까. 기토가 계수(癸水)를 극해 나쁘기는 하나, 동시에 또 일간의 정화(丁火)와 시간(時干)의 정화를 설(洩)한다는 것도 잊지 말아야 한다. 그러니까 기토 대운이 제일 나쁜 대운도 아니라는 결론을 내릴 수 있다.

정묘(丁卯) 대운은 어떨까? 바로 이 대운이 가장 흉한 대운이다. 기토를 생(生)해 계수(癸水)를 극(剋)하고 일간의 정화를 돕고 시간(時干)의 정화도 도우니, 일간 정화(丁火)가 왕(旺)하여 아주 불길해졌다. 지지(地支)의 묘목(卯木)은 뭐냐. 황제의 자리이다. 자기의 기반이 흉하게 되어버렸다. 물론 이전에도 흉할 때가 많았을 것이다. 그래도 측근들이 곁에 있어서 유지할 수 있었으나, 정묘(丁卯) 대운에 들어서는 묘(卯) 인성(印星)이 사화(巳火)의 기신을 너무나 왕하게 해주니, 안 밖의 측근들이 다 자기를 버리고 배신했다. 기사(己巳) 대운이 비록 흉해서 정권마저 잃었지만, 사화가 기신 목(木)을 설(洩)해주어, 즉 좋은 아이디어가 있어 자기 주변은 엄히 단속할 수 있었으나, 정묘 대운에는 묘목 인성이 사화를 생하는 조합이 만들어져, 좋은 아이디어가 아닌, 측근들이 자기를 배반하게 하는 아이디어로 변질 되어 버렸다. 묘목-사화, 이 두 조합에 묘(卯)는 아이디어 사화가 그의 측근들, 그런데 묘가 생해주는 것은 바로 측근들이 배신하도록 나쁜 작용만 한다는 것을 의미한다. 무슨 아이디어였을까? 자기가 또 다시 황제가 되려는 생각과 그 실천이었다. 원세개가 망하게 된 가장 근본적인 원인은 바로 그 시대의 흐름을 역행해서 무리한 시도를 했기 때문이다. 궁극적으로 볼 때에는 원세개가 황제를 할 수 있었던 원인조차도 그의 사주원국에 卯 生 火란 아주 불길한 조합이 있었기 때문이라고 봐야 되지 않을까.

사주팔자를 분석할 때 첫 번째 순서가 바로 팔자를 전면적으로 분석한 다음에, 어느 운(運)에 무엇을 하면 이로울까, 해로울까를 파악하는 것이다. 충(沖)을 볼 때는 왕쇠(旺衰)를 안 본다. 동(動)하고 흩어지면 빠르게 움직이는 상(相)이다. 충(沖)이 있으면 동(動)함이 많고 정(定)함이 적어 집이 없거나 직장이 많이 변한다. 연(年)과 월(月)이 충(沖)하면 고향을 떠나고 형제와 자매가 갈라져 인연이 없다. 관(官)을 충(沖)하면 직장에 변동이 많고, 일(日)을 충(沖)하면 이사와 변동을 한다.

합(合)은 온정보수지상이다. 합(合)이 많으면 잘 익숙해지고 보수적이며 우유부단한 성격을 지닌다. 정(正)은 이지적이며 침착하고 온전하다. 단점은 보수적이고 현실에 만족하며 변화에 익숙지 않다. 편(偏)이 많으면 안정되기가 힘들며, 충동을 잘 받고, 호기심이 많으며, 애로가 많다. 적극적으로 대처하는 삶을 살아가야 한다. 혼잡은 맘이 굳지 못하다는 뜻이다. 관살이 혼잡하면 생각이 많고 안정되지 않는다. 사업에 변화가 많아 곤명(坤命)에는 결혼생활이 불안하다.

성격이 복잡하고 비견혼잡(比劫混雜)은, 친구는 많을 수 있으나 진정한 친구가 안 보인다. 재성(財星)이 혼잡(混雜)하면 감정이 잘 변한다. 목(木)은 인(寅)이며, 화(火)는 예(禮)이며, 토(土)는 신(信)이고, 금(金)은 의(義)이며, 수(水)는 지(智)이다. 임수(壬水)와 계수(癸水)는 지략이 뛰어나며, 병화(丙火)와 정화(丁火)는 위엄이 있으며, 갑(甲)의 木은 인자하고 어질며, 경금(庚金)과 신금(辛金)은 과단성이 있고, 무토(戊土)와 기토(己土)는 고집이 있어 속이 안 보인다. 갑을병정(甲乙丙丁)은 양(陽)이며 무기경신임계(戊己庚辛壬癸)는 음(陰)이다. 갑병무경임(甲丙戊庚壬)은 양이며 을정기신계(乙丁己申癸)는 음이다.

日	月	年
乙	癸	乙

천간(天干)의 조합만 본다면 을목(乙木)이 월간(月干)의 계수(癸水), 천간 수(水)에 아름다운 조합이다. 친구는 다 당신한테 친절하며 능력이 있고 당신을 진정으로 돕고 있다. 혹은 당신의 친구는 당신보다 높은 신분이며 당신의 명예, 지위, 업무상에 다 좋은 역할을 하고 있다. 연간 을목이 월간 계수를 설(洩)하기 때문이다.

日	月	年
庚	乙	庚

천간의 조합만 본다면 ① 월간의 을목이 경금(庚金)을 양쪽 사이에 두고 바라보는 모습이어서, 연간의 경금과 관합(官合)하려고 하고, 일간의 경금을 서로 관합하려고 하고 있다. ② 일간의 경금 입장에

서는 을목의 재성(財星)을 합(合)하는 모습이다. 내가 돌한테 미쳐서 지조가 없다.

日	月	年
壬	甲	壬

천간의 조합만 본다면 임수(壬水)가 갑목(甲木)을 보는 모습이다.

갑년(甲年)에 시험 보면 떨어지고, 임년(壬年)에 시험 보면 합격한다.

時	日	月	年
丁	甲	壬	乙
卯	辰	午	巳

오월(午月) 갑목(甲木)이다. 여름에 출생한 갑목이다.

천간의 임수(壬水)가 여름의 목(木)의 기운을 도와주니 인성(印星)이 생(生)하는 것이다.

월령(月令) 오화(午火)는 상관(傷官)으로 열정적인 별(星)에 있으니, 지지 않는 성격을 대변할 수 있을 것이다. 문제를 고려함에 있어 아주 영활하고 인성(印星)은 온건함을 대표한다. 사이에 일간이 있지만, 水 生 木, 木 生 火로 흐르니 팔자는 다 당신(日干)을 위주로 만들어진 것임을 유의해야 할 것이다. 갑목(甲木) 일주(日主)는 안으로 흡수하는 일면도 있고 밖으로 내놓는 것도 있어, 총체적으로 평형을 이루고 있다. 말하자면 이 사람은 사상도 있고, 그걸 표현할 줄도 안다는 것이다. 풍류가 있다. 그리고 친구들도 그의 명에 방면이나 문화 방면에 도움을 주고 있다.

日	月	年
甲	丙	壬

병화(丙火)가 기신(忌神)이라면 임수(壬水)가 극(剋)하니 당연히 응길(應吉)할 것이다. 그러나 역시 바로 이 조합으로 인하여 앞으로 문제가 생길 수도 있다는 것이다. 언제가 연운(年運)에서 임수가 쌍제(雙制)를 받게 되거나 병화가 쌍생(雙生) 받을 때, 혹은 임수가 극제(克制) 받고 병화가 득(得)이나 생(生) 당할 때가 다 흉(凶)의 응기(應氣)로 변질될 수 있다는 것이다. 상관견관(傷官見官)이 기신이라면, 관(官)이 약할 때면 당연히 좋으나, 평생에 관재가 생겨도 역시 바로 이 조합으로 인한 문제로 되어 있다. 이 조합은 시한폭탄과도 같아서, 언제든지 시간이 되면 터질 때가 있다는 말씀이다.

세운(歲運)에서 병화나 임수가 천간(天干)에서 만나면, 쌍제(雙制)나 쌍생(雙生)이 일간(日干)에게 응기(應氣)로 영향을 미치게 될 수 있다. 궁(宮) 이론, 연(年)은 조상과 부모, 월(月)은 부모와 형제, 일(日)은 와이프, 시(時)는 자녀이다. 관(宮)에 용신(用神)이 있으면 운수가 좋고, 용신이 약하면 운수가 피곤해진다. 편관살(偏官殺)이 일지(日支)에 앉으면 형제를 극(剋)하고, 시주(時主)에 궁성(宮星)이 있으면 말을 잘 듣는다. 연지와 일지에 겁재(劫財)가 앉아 있으면 금전에 문제가 생긴다. 일지에 인성이 있으면 듬직하고, 식신(食神)이 있으면 성격이 활발하고, 칠살(七殺)이 있으면 성격이 피곤하다. 팔자에 형(刑), 충(沖), 극(剋), 해(晦)가 있으면 일생이 평탄하지 않고, 합(合)과 생(生)은 평온하다.

선천에서 남편을 극(剋)하는 것, 부인을 극하는 것, 부모를 극하는 것, 자식을 극하는 것 등의 정보가 깃들어 있는 사주에 子, 午, 卯, 酉의 사람의 청년시대로 아름답다. 예술과 소탈함과 재화로 멋지다. 혼인과 관계가 있다. 寅, 申, 巳, 亥는 소년과 같다. 운동을 좋아하며 격동과 격렬, 성격과 성질이 문제다. 辰, 戌, 丑, 未는 노년을 나타낸다. 조용하고 종교적이며 학문으로는 명리학(命理學)이다. 별(星)이 있으면 별을 보고, 별이 없으면 궁(宮)을 본다. 일은 잊지 말고, 별과 궁은 동참한다. 별이 있어도 궁을 본다. 특수 조합이 있는지 없는지를 먼저 확인하고, 판단할 때는 실제의 생활을 잘 살펴야 한다. 십신(十神)이 일주한테 좋은 작용을 일으켰으면, 그 십신은 방조(幇助)를 많이 받게 되고, 십신이 일주한테 안 좋은 작용을 일으켰으면, 그 십신에 의해서 지장을 많이 받게 된다. 십신이 기신인데, 연운(年運)에서 극(尅)과 제(制)를 당하면, 십신은 곧 응길(應吉)되고, 십신이 용신인데, 연(年)의 운(運) 중에서 약하거나 극과 제를 당했으면, 이 십신으로 인해 응흉(應凶)된다.

관(宮)을 보다. 관(宮)의 일간이 용신이라면, 그 관은 육친(六親)의 도움을 많이 받고, 관의 일간이 기신이라면, 그 관의 육친이 피곤해진다. 육친(財)이 용신인데 관이 없으면 그 육친의 도움을 받기 힘들고, 육친(財)이 기신인데 관이 없으면 그 육친의 도움을 받기 쉽다. 결혼의 운(運)은 불길한 결혼 배우자 궁에 충(沖)과 합(合)하면 불길하다.

건(乾) 명(命)에 정(正)이 있으면 정을 살펴보고, 정이 없으면 편(偏)을 찾아본다. 재성(財星)이 합(合)되면 특히 비겁(比劫)한테 합(合)되거나, 비겁이 재성한테 나쁜 작용을 일으키면 결혼불길상이다. 정재(正財), 편재(偏財), 혼잡상(混雜相) 역시 결혼불길상이다. 비겁이 재성을 극(剋)하면 결혼불길상이다. 재성이 일산과 합하는데 중간에 비겁이 가로막으면 힘들다. 역시 일지에 비겁이 앉으면, 선천성 결혼불길상이다. 곤(坤) 명(命), 상관견관(傷官見官)이나 정관(正官)이 일산과 합(合)이 많으면 결혼불길상이다. 일지에 식상(食傷)이 있으면 혹은 재성(財星)이 많아서 관(官)을 생(生)하면 결혼불길상이다. 재(財)는 관살(官殺)이나 식상(食傷)이 기신인 운(運)에 잘 발생한다. 관살혼잡(官殺混雜), 식상혼잡(食傷混雜), 비겁혼잡(比劫混雜)이다. 사주원국에 재성(財星)과 관성(官星)이 있는데, 연운(年運)에 중첩(重疊)되면 문제가 생길 수 있다. 편재(偏財)가 기신일 때 편재의 연(年)이면 스트레스가 많아지며 가정도 시끄럽다. 왕쇠(旺衰)는 유무(有無)를 결정하고, 희기(喜氣)는 길흉(吉凶)을 정한다.

時	日	月	年
辛	丙	辛	丙
卯	申	丑	申

己戊丁丙乙甲癸壬

酉申未午巳辰卯寅

건(乾) 명(命), 축월(丑月)에 출생한 병화(丙火)이다. 병화의 설(洩)하는 기(氣)가 강하다. 從勢四柱이다. 건(乾) 命에 재성(財星)이 많으니 불리하다. 하지만 일지(日支) 처(妻)의 자리에 재성이 들어앉아 있고 축토(丑土)의 生까지 받으니 처(妻)의 운(運)이 강하다. 천간(天干)에 쌍병화(雙丙火)가 신금(辛金)을 극(剋)하며 합(合)하는 조합으로 있으며, 연(年)과 월(月)은 전(前)이라 크고, 일(日)과 시(時)는 후(後)라 작다. 즉 첫 번째 부인을 극해버리고, 두 번째 부인하고는 합한다는 정보도 있다.

그런데 신금(辛金)은 이 사람의 용신(用神)이다. 신금은 용신으로 봉생(鳳笙)까지 당해 부처(夫妻)의 감정은 나쁘지 않다. 이 사주에 실린 본질적인 의미는 무엇인가. 이혼도 말다툼도 아니라면, 남은 것은 오직 죽음밖에 남는 것이 없다. 즉 이 팔자는 전형적인 처(妻)를 극(剋)하는 팔자이다. 대운(大運)을 보면 병화(丙火), 오화(午火)의 운이 올 때, 세운(歲運) 갑신년(甲申年)이 나타날 때, 이혼을 했다면 정축월(丁丑月)에 부인이 폐암으로 사망했다. 월간의 신금의 재성(財星)이 두 병화한테 극 당하는 조합을 막는 방법은 없었을까. 나름 생각을 많이 해봤는데, 돈을 빌려서 파산하는 방식으로 전환시켰으면 어떨까. 아니면 애인이라도 하나 만들었으면. 만약, 이런 사주(四柱)를 가진 남자를 자식이 애인이라고 데리고 온다면, 그래서 결혼 궁합을 봐야 한다면, 만약 대운이 30세 전에 있다면 30살 이후에 결혼하도록 해도 됐을 텐데. 월간의 신금은 용신으로 상하면 안 되고, 연간(年干)의 병화는 기신으로 왕(旺)하면 안 된다.

중심점으로 고정화되어 있으니, 이젠 신금을 보지 않고 다만 병화를 보자. 만약 대운(大運)의 癸水가 오면 신금을 설(洩)해서 나쁘나, 동시에 병화를 극(剋)해서 길(吉)하다. 사주원국(四柱原局)의 조합이 병화를 극(剋)하고 있으니 문제가 없다. 丙火와 午火는 대운(大運)에서 갑신년(甲申年)과 병술년(丙戌年)이 신금을 쌍제(雙制)할 수 있는 연(年)인데, 도대체 왜 갑신년일까. 아니면 병술년일까. 결론은 갑신년이라고 정했다. 이 갑신년은 사주원국의 천간(天干)의 신금과 지지(地支)에 신금을 다 동(動)한다. 즉 신금은 부처궁(夫妻宮)을 동(動)한다는 뜻을 암시한다. 즉 신금은 부처궁을 동한다는 정보가 갑신년이 병신년(丙申年)보다 훨씬 더 뚜렷하다. 그의 처(妻)는 미인이었다. 내가 사주를 보며 생각했던 사주의 생김새와 비슷했다.

대운(大運)과 세운(歲運)을 살필 때에는, 세운과 사주원국에 천간합(天干合)과 지지합(地支合)이 있을 때, 용신과 기신을 따지지 않고, 이혼할 때는 용신과 기신을 따진다. 세운에 재성(財星)이나 관성(官星)이 일간(日干) 혹은, 일지(日支)와 합(合)하면 결혼한다. 사주원국에 있던 재성과 관성이 세운이나 대운에서 출현하면 결혼한다. (나이는 필히 고려해야 한다) 건(乾) 命에 겁재(劫財)가 기신)인데 극(剋)이나 제(制)를 당할 때, 곤(坤) 命에 편관(傷官)이 기신인데 극이나 제를 당할 때 결혼한다. 부처궁이 용신인데 극이나 제를 당하면 결혼한다. (글자가 剋이나 制를 당할 때) 건(乾) 命일 때 재성을 극이나 제할 때, 곤(坤) 命일 때 관성이 극이나 제를 할 때, 그 제신들이 극이나 제를 당할 때.

日	月	年
乙	壬	庚

곤(坤) 命, 임수(壬水)가 경(庚)을 설(洩)하고 있는데, 이 임수가 극이나 제를 당할 때가 바로 결혼의 응기(應氣)란 뜻(신호)이다. 결혼 적령기 대운(大運)에서 두 번째나 세 번째에 잘 발생한다. 건(乾) 命의 편재(偏財), 곤(坤) 命의 편관(偏官)이 충(沖)을 당할 때, 결혼을 많이 한다.

時	日	月	年
甲	丁	甲	癸
辰	酉	子	巳

子月, 丁火이다 이 사주팔자에서 가장 왕(旺)한 것은 癸水이다.

子水는 건강상 신장 부위이다.

子水는 酉金을 설(洩)해서 폐에 병이 있다.

時	日	月	年
甲	己	己	庚
子	亥	卯	戌

卯月, 己土이다. 사주팔자에 卯木은 이 사람의 해야 될 일인 관성(官星)을 의미한다. 이 사람은 酉金과 관련된 사업을 하면 아주 유리하다.

木 목제품, 방직, 종이, 연구소, 관리, 서비스, 자산 사업

火 발열, 발광, 전기, 정보, 문학, 예술, 산업, 매체, 중계

土 농업, 부동산, 도자기, 토산물, 고물상, 건물 관리

金 금속, 광산, 견고한 것, 기계, 은행, 군인, 경찰

水 수력, 수산, 목욕, 액체, 물류, 무역, 오락, 변화

時	日	月	年
戊	丁	己	壬
申	丑	酉	寅

丁丙乙甲癸壬辛庚

巳辰卯寅丑子亥戌

酉月, 丁火이다. 丁火가 酉月에 생(生)해 약(弱)한데, 寅이 酉金에 극(剋) 당해서 아군이 도우러 못 온다. 丁丑日 巳火와 午火를 만나면 응길(應吉)한다. 巳火나 午火는 丑을 생(生)하면서 申酉金을 다 극이나 제하니 잘 살펴야 한다. 길신(吉神)이냐 흉신(凶神)이냐는 종이 한 장 차이다. 이 사람의 사업은 어떻게 볼 것인가. 여름엔 좋고 겨울은 힘들어진다.

時	日	月	年
庚	壬	己	庚
子	寅	丑	戌

丑月, 壬水이다. 壬水가 丑月에 생(生)해서 왕(旺)하다. 두 번 극(剋)이나 제(制)를 당하면 日干이 변해 약(弱)한 걸로 본다. 관재(官財)나 상재 신호가 보인다. 丑戌刑의 조합이다. 戌土가 쌍중으로 丑土의 용신(用神)을 형(刑)할 때가 응기(應氣)이다. 만약 이 사주팔자의 일간이 水가 아니라면, 戌土와 丑土가 관성(官星)이 아닐 것이다. 그렇다면 사주원국에 이 조합이 있다고 해도 관재(官財)나 상재는 아닐 것이다. 자기가 가지고 있는 육친(六親)의 속성에 따라 발생하는 속성이 다른 것이다.

비겁(比劫)이 형제라면 이혼하는 경우가 많고, 식상(食傷)은 관재(官財)가 많다. 왜냐하면 식신(食神)은 밥통의 평안함 등을 대표하기 때문이다. 이 사주팔자에 지지(地支)는 戌, 丑, 寅, 子 조합으로 볼 수 있다. 丑土는 戌土의 기신한테 형(刑)을 당했을 뿐 아니라, 또 寅木의 식신(食神)이 기신에 극(剋)도 당하고 있다. 게다가 본래 子水가 또 寅木의 기신을 생(生)해주고 있다. 子水는 비견(比肩)이다. 그런 비견이 나쁜 작용을 하고 있다면, 실제 생활에서는 어떤 현상이 나타날까. 사회의 정상적인 질서를 지키지 않는 사람들이 평안하다. 기신의 반대편인 木이 기신을 돕는다는 것은 법률을 위반하는 행위를 하고 있다는 것을 의미한다. 즉 그들은 지하(地支)에서 기생방을 꾸려 돈을 벌었다. 그런데 이 사주원국의 조합을 보면 지지(地支)는 나쁘나, 천간(天干)의 조합 형태는 아주 좋다, 경금(庚金)은 편인(偏印)으로 기신인 己土(기토)의 관성(官星)을 설(洩)해서 아주 좋다. 그리고 연간의 庚金은 또 일간의 응효(應爻)로써 그의 외부 환경은 아주 좋다는 것을 의미한다. 어떻게 조절해줘야 하는가. 집에 있지 말고 외지에 나가 庚金의 속성인 편인(偏印)과 관계되는 일을 하고, 술 먹는 친구(子水)들을 안 만날수록 寅木은 약해져 丑土를 剋하지 않고 관재(官財)도 피할 수 있으니, 서둘러 떠나라고 권고했다. 지금은 제주도에서 인쇄와 관련된 사업을 하고 있는데 큰돈을 벌고 있다.

천간(天干)의 조합은 庚金, 己土, 壬水, 庚金으로 庚金이 己土의 관성(官星)을 설(洩)하는 조합이 정말 좋다. 즉 기토는 그의 사업만 대표했을 뿐만 아니라, 또 관성(官星)을 대표하기 때문이다. 그러나 이 조합도 丙火가 쌍생(雙生)하는 연운(年運)에 들어가면 관재(官財)가 일어나기 쉽다. 다행히도 그 대운은 70년 후이니 그뿐이나, 임수(壬水)의 대운을 보자 壬水가 쌍생하는 연운에 필히 자기의 원인으로 경금을 쇠(衰)하게 하는, 즉 자기의 잘못으로 자신의 명예에 손상을 주는 일을 저지르게 된다. 관(官)과 재(財)의 관계를 보자. 관재(官財)의 원인은 지지(地支)에 있다. 戊未의 土가 왕(旺)하거나 상관견관(傷官見官)하는 해의 연(年), 즉 卯木의 연(年)이 가장 위험하다. 卯木은 日主의 상관(傷官)으로 丑土를 극(剋)하니 바로 상관견관이다. 그런데 천만 다행인 것은 卯木이 나오면 비록 丑土를 극(剋)해서 불길하나, 동시에 卯木은 또 戊土의 기신을 합하여 丑土에 대한 극(剋)과 제(制)를 하니 쌍제(雙制)가 아니다. 응기(應氣)가 아니다. 응기는 오직 계미년(癸未年)에 있었다. 未土가 戊土를 도우며 또 丑土를 충(沖)했다. 이 계미년이 바로 응기(應氣)였다. 이 계미년이 상재로 이어져 크게 아팠다. 목숨까지 위태로웠다. 丑土가 심장 위치라 심장병(경색)으로 죽다 살아났다.

임신년(壬辰年) 운(運)에는 辰土가 작용했으리라 유추해본다. 기축년(己丑年)이 제일 좋은 해였다. 연(年)의 기토(己土)는 조합적으로 실신으로 庚金을 생(生)해주고 年支, 丑土는 戌土를 형(刑)하고 축토(丑土)를 도와 기축년에는 이름도 크게 떨치고 돈도 많이 벌었다. 총체적으로 본명은 파란곡절이 많은 명으로 좋은 명(命)이 못된다. 나는 지지(地支)의 조합은 극히 나쁜 조합으로 그의 수명(壽命)이 아주 문제이니, 우선은 체중을 줄이고 심장에 각별히 조심하라고 조언해주었다. 그리고 조만간 심장병 문제로 위험할 수 있으니 건강에 유념하라고 경고해줬다.

子 - 寅 - 丑 - 戌
水 - 木 - 土 - 土

지지(地支) 중 세 글자 戌, 寅, 子가 다 丑土한테 힘쓰고 있는데, 丑이 곧 본인의 심장이다. 이 사주원국의 최대 문제는 상재다(건강 문제).

時	日	月	年
壬	丁	甲	戊
寅	丑	子	申

子月, 丁火이다. 日支의 丑土 용신이 두 번 극과 제를 당해 안 좋다. 인성(印星)인 甲木과 印木이 다 나쁜 작용을 일으켰으니, 사주원국의 위상이 안 좋다. 정재(正財)의 申金이 용신인 관성(官星)의 子水를 생(生)해서는 丑土를 子水로 합(合)하고 있으니, 그의 부인의 위상이 없을 것으로 본다.(子水가 官星이기 때문). 그런데 子水가 丑土를 합(合)하는 힘은 그리 강하지 않다. 관재가 있을 것은 못 된다. 처궁(妻宮)인 日支의 丑土가 쌍제(雙制)를 받아 잘살기는 힘들다. 天干에 甲木이 극(剋)하는 戊土 조합이 극히 나쁘다. 甲木이 인성(印星)인데 戊土가 상관(傷官)이고 그의 머리 부분이다. 그래서 戊土의 운(運)에는 주의하라고 신신당부를 했다. 그런데 2004년 10월(甲申年, 甲戌月) 차를 몰고 가는 길에 교통사고로 머리를 다쳤다.

時	日	月	年
丙	甲	乙	庚
寅	寅	酉	寅

酉月, 甲木이다. 甲寅 日主로서 地支에 통근(通根)하고 있다. 녹(祿)에 앉아 신체가 건장하고 장수한다. 자식 丙火가 甲을 설(洩)하니, 자식이 말을 안 듣는다. 천간(天干)의 庚 - 乙 - 甲 조합은 인생에 관재를 만나면 자기보다 다른 사람이 먼저 다치는 명(命)임을 의미한다. 친구들이 도와서 자기의 관재를 모면시킬 수 있다고 볼 수 있다.

庚金이 기신으로 외부나 객으로 보며, 바깥이 좋지 않다. 골치 아픈 일이 그치지 않는다. 庚金이 약할 때면 좋은데, 庚金을 약하게 하는 丙火와 壬水의 연(年)이 좋다. 丙火의 응길(應吉)은 壬水의 응길보다 못하다. 丙火가 庚金을 극(剋)하는 것은 좋으나, 丙火가 시간 丙火를 생(生)하고 甲木을 설(洩)해서 나쁘다. 그러니 壬水는 아니다.

壬水는 庚金을 설(洩)하고 甲木을 생(生)하여 丙火를 극(剋)한다. 이 사주팔자는 특이하다. 자신의 신체를 고려한다면 甲木이 왕(旺)해야 좋고, 자식 丙火의 각도에서 본다면 甲木이 왕하면 자식의 환경이 힘들고 나빠진다. 지지(地支)는 간단하다. 寅木이 약해지면 응흉하고, 申金과 酉金이 왕(旺)하면 다시 응(應)한다. 亥水와 子水의 운(運)이 오면 가장 좋고, 亥水와 子水가 酉金을 설(洩)해서 寅木을 생(生)하면 큰돈을 번다.

時	日	月	年
戊	丙	癸	壬
戌	辰	卯	子

卯月, 丙火다. 子 卯 형(刑)과 辰, 戌 충(沖)의 팔자는 관재구설(官災口洩)수가 많은 팔자이다. 사주원국에서 보듯 상재, 관재가 보여 몸에 상처가 자주 생길 수 있는 문제가 있다. 바로 지지(地支)의 조합에 비밀이 숨겨져 있다. 지지(地支)에 응효(應爻)는 바로 辰土 日支이다. 그런데 지지의 조합을 보면, 진토(辰土)는 시종일관 쌍중의 극(剋)과 제(制)를 받고 있는 상태이다. 子水가 卯木을 생(生)해서 辰土를 극하고, 戌土가 辰土를 충(沖)하는 용신이 최악의 상태에 처해 있는 상태이다. 곧바로 사주원국의 몸에 상처가 생기게 되는 근본적인 이유

가 된다. 卯木은 작은 木으로 팔다리 중에는 팔에 해당되고 寅木은 다리다. 子水가 卯木을 쌍생(雙生)하고 병행하는 세운(歲運)에 팔이 다칠 것이다. 아니나 다를까. 수술까지 하게 되어 팔에 흉증을 남겨, 흐린 날이면 다친 팔이 통증을 유발했다.

이 팔자는 고향을 떠나 타지로 가서 살면 발전하고 아주 좋다. 관성(官星) 방면이 좋다는 것은 비단 자신의 사업에 좋다는 것일 뿐 아니라, 귀인(貴人)의 방조로 관성과 관계도 문제가 없다는 것을 의미한다. 신강격(身强格)에 재성(財星)이 미약하면 삶이 피곤하다. 그리고 결혼에서도 안 좋다. 지지(地支)에 酉金이 부인인데 酉金이 쌍극(雙克)을 받을 때가 바로 응기(應氣)요. 만약 세운(歲運)에서 없으면 辰土가 쌍극 받을 때, 즉 대운의 戌年의 운(運)에나 혹은 戌運에 卯年 같은 때를 그 응기(應氣)로 본다.

時	日	月	年
癸	癸	丁	癸
丑	酉	巳	巳

庚辛壬癸甲乙丙

戌亥子丑寅卯辰

건(乾) 명, 巳月의 癸水이다. 巳火가 酉金을 극(剋)해 불길하다. 여기에 巳-巳 조합이 가장 나쁘다. 부인과 이혼의 정보가 깃들어 있다는 정보이다. 그때가 되면 반드시 이혼할 것이다. 酉金은 인성(印星)으로, 집이나 재산, 적금통장을 대표한다. 비록 巳火의 극(剋)을 받아 불길하지만, 丑土의 관성(官星)은 생(生)을 받아 길하다. 시지(時支)에 있다 보니 큰 사업은 못 될 것이다. 그 대신 자식이 좋고 자기의 노후도 좋을 것이다. 문제는 이런 사주팔자는 애인을 사귀어서는 안 된다는 점이다.

사주원국에 巳-巳-酉 조합을 보아서는, 필히 부인의 친한 친구들 중에 애인을 골라 지낼 것으로 보인다. 그로 인해서 득(得)이 생길 일이 없고, 가정에 불화와 지출이 많을 것 같다. 年의 巳火가 月支의 巳火를 돕는 조합은 사주원국의 부친(父親)의 명(命)이 약하다는 것을 의미한다. 기신이 왕(旺)하면 꼭 그 응(應)이 있다. 사주원국에서는 극부(克父)하는 팔자이다. 卯년 대운, 巳火의 세운에 부친이 하늘나라로 가셨다. 辛亥年의 운은 길운(吉運)이다. 왜 아버지의 병이 많이 나아졌는데, 亥水가 酉金을 설(洩)하는 작용이 일어났을까. 亥水는 형제요 경쟁자이다. 酉金은 집안일인데, 경쟁자가 와서 설(洩)하니 나의 기술이 약해진다는 것을 의미한다. 하지만 巳火가 亥水를 충(沖), 극(剋)을 당해 주위사람들은 날 지지해준다는 뜻도 포함한다. 경쟁은 심했지만 돈은 많이 벌었다. 단, 경쟁할 때 단가를 많이 낮추어야 했다.

時	日	月	年
辛	壬	壬	辛
亥	戌	辰	亥

庚己戊丁丙乙甲癸

子亥戌酉申未午巳

곤(坤) 명 辰月의 壬水다. 주위가 아군으로, 적군 戌土만 외로이 있다. 하지만 종왕(從旺) 못하고 신강격(身强格)이다. 부인궁이 설(沖) 당하니 결혼의 불길이다. 이혼할 팔자이다. 地支에 다른 남자인 辰土를 보는 바람에 남편 戌土와 충(沖)하는 모습이 생겨 이혼한다. 辰土가 생(生)하고 戌土가 약해지는 대운이나 세운이면 이혼한다. 그런데 대운을 찾아보니 辛丑, 대운이 안 보인다. 즉 辰土가 쌍생하는 운은 있을 수 없다는 것이다.

戌戌, 대운도 이혼의 명(命)을 가졌지만, 그걸 응(應)할 정도의 운은 아니다. 사주원국은 안 좋으나 운은 좋아 보인다. 평생 바람을 피우며 살아도 남자가 이혼을 안 해주는 팔자다. 외모만 보면 매력이 넘친다. 매력적이다. 이 사주팔자가 어려운 것은 비록 신왕격(身旺格)이지만 壬水는 왕(旺)해야 응길(應吉)할 수 있다. 특히 사업을 하려면 임수가 왕해야만 年干의 辛金은 기신이 설(洩) 당해 외부의 환경이 좋아지는 것이다. 그런데 나쁜 것은 年干의 辛金은 月干의 비견(比肩)한테 설(洩) 당했지, 日干한테 완전 설 당한 것은 아니다. 즉 일간이 나아가서 무엇이든 하려면 중개비를 써야 한다. 그러니까 오히려 안 하는 것보다 못 하다는 뜻이다. 辛金이 인성(印星)과 관계되는 사업을 하려면, 壬水가 왕(旺)할 때 친구들의 도움을 받을 수 있다. 보통 여자들은 애인을 두면 도움을 받을 수 있는데, 이 명주는 아니다. 그저 가정에 불화만을 가져올 뿐이다.

時	日	月	年
癸	丁	壬	甲
卯	酉	申	辰

건(乾)명, 申月의 丁火이다. 종세격(從勢格)이다. 申金과 酉金은 正財와 偏財로 辰土의 생(生)까지 받아 아주 왕(旺)하다. 실속 있는 명(命)이다. 天干에 관성(官星)인 壬水가 甲木을 생(生)하는 조합이 아주 나쁘다. 이건 외부 환경이 사주원국에 아주 불리하다는 뜻을 내포한다. 그런데 외부 환경이 불리하게 될 궁극적 원인은 壬水의 생(生)을 받았기 때문이다. 壬水는 관방(官方)이요. 사업이다. 외부 환경이 이렇게 나쁘고 지지(地支)의 조합은 좋으니, 본지에서 사업을 진행하라고 권고했다.

甲木은 인성(印星)으로서 연간에 있으니, 사주원국의 머리라고 봐도 된다. 지성(知性)은 낮다. 학력도 낮다고 봐도 된다. 자식 운(運)은 괜찮다. 잘살아갈 운명이다. 天干의 癸水 극(剋) 丁火 조합, 이 사람은 성 능력이 아주 강하다는 것을 알 수 있다. 애인도 있다. 애인의 방조로 사랑을 많이 받고 있다.

時	日	月	年
戊	癸	丙	壬
午	未	午	寅

곤(坤)명, 五月의 癸水이다. 지지(地支)가 전부 적군이다. 종세격(從勢格)이다. 日支는 편관(偏官)이며 時干이 정관(正官)이다. 戊土가 남편이고, 未土는 그의 애인이라 볼 수 있다. 양쪽에 午火가 와서 합(合)을 해주니 애인은 능력 있는 사람이다. 많이 도와주는 걸로 알 수 있다. 未土는 부인 궁이며, 가정의 궁이고 가정의 재산 등을 대표하기 때문에, 여기서는 그의 남편의 정보력도 숨겨져 있다고 봐야 한다.

남편은 애인이 있다는 말이다. 능력 또한 대단하다고 볼 수 있다. 이때 곤(坤) 命의 癸水에 戊土 官星이 용신일 때 합(合)할 수 있다고 한다. 즉 말하자면 그 합(合)의 뜻을 취(脆) 할 수 있는데, 그들의 감정은 아주 좋다고 할 수 있다. 이혼하지는 않는다. 未土에 쌍(雙) 午火가 와서 합(合)이 되니, 집이 아주 잘되는 집안이고 돈도 무척 많은 집안이 된다. 年主와 月主가 다 용신으로 그의 조상, 부모들도 다 재산이 많고 좋은 가문이다. 寅木은 자식의 성으로, 午火의 편재(偏財)를 생(生)해서 집을 돕고 있음이니, 자식의 재운(財運) 또한 좋고 효자임을 알 수 있다. 寅木은 양목으로 또 年의 지지(地支)에 있는 것을 참고할 때 자식의 성격은 아주 어른스러울 것이다. 큰 회사에 다닐 것이다. 집과 멀리 떨어져 살 것이다. 물어보니 외국에서 생활한다고 했다.

未(집) - 午(돈) - 寅

時	日	月	年
丁	乙	辛	壬
丑	卯	亥	子

亥月의 乙木이다. 신강격(身强格)이다. 年干의 壬水는 기신 辛金을 설(洩)하고 있어 아주 중요한 작용을 일으키고 있다. 그의 지성과 학력, 문화 수준은 상당히 높다. 지지(地支)에 丑土는 卯木 비견(比肩)의 극(剋)을 받아 아주 크게 성공할 수 있다. 돈을 벌 수 있었다. 전자계통의 무역을 했는데, 내가 팔자에 맞지 않으니 물류업계로 진출하다 부동산 쪽으로 넘어가면 효과를 볼 수 있다고 했다. 지금은 부동

산업계의 거물이다. 형제들과 같이 운영한다.

時	日	月	年
丙	戊	丙	甲
辰	寅	寅	子

寅月의 戊土이다. 甲木이 용신으로 丙火를 생(生)해서 기신의 작용을 했으니 큰일은 힘들 것 같다. 지성(知性)도 높지 않을 것이다. 그러나 지지(地支)의 조합은 아주 좋다. 子水의 편재(偏財)가 寅木을 생(生)하는 조합은 가장 좋은 조합으로서, 그의 결혼이 길(吉)함을 대표한다. 실제 상황에서도 그는 그의 부친의 전우(상장기업의 사장님) 딸과 결혼을 했다. 辰土의 용신도 나쁜 작용을 안 일으켰으니 친구와 형제들과의 우애도 아주 좋다. 子水는 또 아버지를 대표하는데, 子水가 寅木을 생(生)하는 조합은 그의 부친이 그를 아주 사랑한다는 것을 대표한다. 오행(五行) 중에 용신의 식상(食傷)인 金이 없다. 예술 방면엔 소질이 없고, 담이 크고 성격도 시원하다. 그렇다고 무례하지는 않다. 최대 약점은 공부하기 싫어한다. 왜? 丙火가 왕(旺)하기 때문이다. 戊土가 왕하면 그래도 괜찮겠으나, 丙火가 왕할 땐 공부에 취미가 없어진다. 寅木이 왕할 때 큰돈을 벌 수 있을까? 이 사주팔자는 寅木이 왕할 때는 큰돈을 벌 수 없다. 왜냐하면 子水와 亥水가, 즉 정재(正財)와 편재(偏財)인데 다 약해져 돈을 벌 수 없게 된다. 언제 子水와 亥水가 왕해져 돈을 벌 수 있을까? 子水와 亥水가 왕하고, 寅木은 卯木이 쇠(衰)할 때는 큰돈을 벌 수 있다. 大運(申金, 酉金)과 歲運(亥水, 子水) 年이 제일 좋은 시기이다.

時	日	月	年
辛	辛	戊	乙
卯	丑	寅	巳

庚辛壬癸甲乙丙丁

午未申酉戌亥子丑

건(乾) 명, 寅月의 辛金이다. 종세격(從勢格)이다. 辛金이 왕(旺)해서 戊土를 설(洩)해 공부하기를 좋아한다. 戊土가 왕하면 흉만 있지 길은 없다. 戊土는 절대적으로 기신(忌神)이다. 즉 辛金이 왕해서 戊土를 설(洩)한 후의 현상은 좋은 아이디어이다. 戊土가 왕해서 辛金을 생한 후 현상은 다르다. 공상과 환상은 乙木이 응(應)해서 편재(偏財) 용신이 좋은 작용을 일으킨다. 사주원국의 편재(偏財)의 운이 돋보인다. 그의 아버지는 능력 좋은 분이시고, 지성(知性)이 乙木 극(剋) 戊土 아주 좋다. 그는 애인을 구해도 뒷걱정이 없다. 乙木 극(剋) 戊土하기에 명예에 손상을 줄 우려가 없다. 정재(正財)인 寅木이 巳火한테 설(洩) 당해서 부인의 직함이 없다. 巳火는 日主의 관운(官運), 사업 卯木이 丑土를 극(剋)하는 힘이 약하니, 지성도 그의 애인만도 못하겠다. 卯木의 애인은 사주에 있어 나이도 어리고 성격도 활발하겠다. 부인은 키가 크고 점잖다. 丑土가 쇠(衰)해 좋지만, 巳火와 午火의 세운(歲運)에는 돈을 남에게 빌려줄 운이 있다. (寅木과 卯木) 寅木과 卯木 세운보다 巳火와 午火 연운(年運)에 확률이 더 높다.

時	日	月	年
丙	乙	己	戊

戊　　　酉　　　未　　　辰

未月 乙木이다. 온통 재성(財星)이다. 여자 복이 있는 팔자이다. 그런데 돈은 크게 벌지 못할 것이다. 未土, 酉金, 戊土의 조합이 나쁘다. 만약에 丑土, 酉金, 辰土 조합이라면 그 결과는 판이하게 다를 것이다. 酉金이 관성(官星)이 되는데, 未土와 戊土의 취함을 받아 큰 사업을 못 하게 보이는데, 어디에서 큰돈이 생기겠는가. 丙火 상관(傷官)이 乙木을 설(洩)해서 좋다. 사주원국의 성(星) 능력도 좋다. 자식 운도 좋으며 노후의 운도 좋고, 낭만적이고 호탕할 것이다. (丙火 食傷, 內心世界) 아이큐가 높다. (종세격에 기신인 水가 없다)

時	日	月	年
庚	癸	己	壬
申	酉	酉	辰

酉月에 癸水이다. 조상의 덕이 돋보인다. 지지(地支)에 巳火나 亥水일 때, 天干의 木만 아니라면 별로 큰 문제가 없을 걸로 생각된다. 일생에 큰 풍파가 없이 잘 지낼 수 있는 命이다. 성 능력도 좋다. 예술 방면에 소질이 있어 보인다. 필체가 좋을 것이다. (水生木이 없기 때문에) 책임감이 강하고 감수성이 좋으며, 선량하고 성격이 부드럽다.

時	日	月	年
庚	庚	壬	庚
辰	辰	午	申

庚己戊丁丙乙甲癸
寅丑子亥戌酉申未

五月의 庚金이다. 금전 운을 물어보러 왔다. 돈은 木의 운에 극과 제를 당하는 그때인데, 사주원국에 없다 보니 운에서 찾아내야 한다. 寅木과 卯木의 大運은 너무나 멀다. 혹 天干의 대운은 지나가 버렸다. 큰돈 벌기는 어렵고, 세운(歲運)에서 木이 있는 해에 대운과 조합으로 판단해야 한다. 쌍제(雙制)가 아니라도 돈이라도 한번 극 당해도 돈이다. 그만큼 기신으로 약하니 午火에 돈이 있다. 사주원국이 무엇인가에 따라, 업무하는 포지션에 따라 午火에 관련된 업(官)이라면 마찬가지로 돈을 벌 수 있다. 술집을 차려서 장사를 하면 무척 잘된다. 신약격(身弱格)에 재성(財星)인 기신이 없다면, 지성도 높고 관운(官運)도 좋다. (午 生 辰) 친구도 많다. (庚, 壬, 庚, 庚) 부인과의 관계도 좋다. (忌神, 木이 없다.)

時	日	月	年
壬	丁	乙	丙
寅	酉	未	申

癸壬辛庚己戊丁丙
卯寅丑子亥戌酉申

건(乾) 명, 未月의 丁火이다. 月干 乙木이 기신이라서 나쁜데, 연간의 丙火가 설(洩)해주니 기신이 좋은 작용을 한 셈이다. 그러나 사주원국에서 丁火의 지성(知性)이 낮다고 단정할 수는 없다. 丙火는 겁재

(劫財)이며, 기신이 좋은 작용을 일으킴으로, 일주(日主)가 어떤 때는 소인을 범하나 어떤 때는 귀인의 방조를 받는다는 걸 알 수 있다.

天干에 壬水가 丁火를 극(剋)하는 조합은 아주 좋다. 자식이 그와 감정이 아주 좋다는 것을 (음과 양의 관계로) 알 수 있다. 만약 그에게 딸만 있으면(壬水) 좋으나, 아들이 있으면(未土) 나쁘다. 그의 아들은 어머니와 관계도 안 좋고, 잘살지도 못할 것이다. (申金과 酉金을 다 剋했기 때문에) 사주원국에서도 나쁘다. 없으면 未土를 공망한 거나 다름없지만, (육친이 기신일 땐 그 육친을 안 두고, 그 육친이 용신일 땐 그 육친을 꼭 두어야만 수위가 조절되는 것이다) 아들이 있으면 未土의 실제 에너지를 제고시키는 작용을 해서 본인에게 더욱 불리하다. 寅木과 卯木의 운(運)에는 돈을 적게나마 벌 수 있는 기회가 있다. 申金과 酉金의 대운보다는 못하지만, 그나마 괜찮다. 단 巳火와 午火의 대운은 크게 돈을 잃을 대운이니, 주의를 많이 해야겠다. 제일 좋은 대운은 丑土의 대운이다. 乙丑 대운은 申金과 酉金 年에 크게 돈을 벌 수 있다.

時	日	月	年
己	辛	甲	甲
亥	丑	戌	寅

戌月의 辛金이다. 丑土 용신이 戌土 기신한테 형(刑)을 당해서 인성(印星)에 財가 있다. 관재와 달라 印星의 財는 정신적인 측면이 많다. 우울증이나 정신의 이상이 대표적인 예다. 정신병원 입원까지 갈 수도 있겠지만, 꼭 간다고 말할 수는 없다. 문제는 있다. 寅木의 재성(財星)이 戌土와 인성(印星)을 극해서, 기신이 기신을 극(剋)해서

용신의 작용을 일으켰기 때문에 정신적인 우울증으로 볼 수 있겠다. 아는 스님이다. 세상만사 싫고 귀찮아서 출가했는데, 바로 戊土 형(刑) 丑土의 인성(印星) 작용이었다. 甲木이 왕(旺)할 때마다 금전 손해를 볼 것이다. 세상살이를 떠난 사람한테는 재물이 중요한 게 아니라 정신생활이 더욱 중요해지니, 寅木이 왕하면 수련이 잘될 것이며, 戊土가 왕하면 수련이 잘 안 될 것이다.

時	日	月	年
壬	丙	戊	乙
辰	申	寅	巳

寅月의 丙火이다. 乙木은 절대적 기신으로 왕하면 불길하다. 지성은 높지 않다. 申金은 결혼성이며 가정의 재산이요, 辰土 자녀성이 생(生)을 해주니 행복하다. 자녀의 재성(財運) 운은 좋다. 가정은 행복하다. 寅木이 申金을 충(沖)하는 힘이 아주 약하다. 또한 巳火의 설(洩)까지 해주니 작용력이 약하다. 그릇(통)이 크지 못한 사람이다. 사회성 또한 별로 좋지 못하다. 하지만 예술성이 좋고 무엇이든 잘할 수 있는 사주팔자다. 손재간이 좋다. (戊土가 乙木에게 극(剋) 당한 조합 때문에 戊土가 술자리이고, 통인데 乙木의 극을 받으니)

時	日	月	年
丙	癸	庚	辛
辰	亥	寅	亥

寅月의 癸水이다. 辛金과 庚金의 작용으로 지성(知性)이 뛰어나고

학력이 좋다. 지지(地支)의 亥水는 길, 흉이 다 있다. 정자의 활성이 많이 부족하여 寅이 왕(旺)해서 정자 수가 적다고 본다. 관성(官星)이 나쁜 작용을 해서 성격상으로 우유부단하다. 당뇨병이나 신장 비뇨 계통에 문제가 있다. 진정한 친구를 사귀기 힘들다. 말년 운이 안 좋다.

時	日	月	年
乙	丙	丙	癸
未	子	辰	亥

辰月의 丙火이다. 조상의 은덕이 있었을 것으로 보인다. 비견(比肩)인 월간의 丙火와 인성(印星) 乙木은 다 기신과 용신의 역할을 하지만, 본인의 지성(知性)은 보통이고 친구도 별로 없을 것이다. 예술 방면에서도 별로 소질이 없다. 사업을 크게 해볼 능력이 없고, 가정의 화목도 잘되지 못할 것이며, 결혼의 운명도 이혼명이다. 재성(財星) 金이 용신인데, 사주원국에 없어 별로 도움을 못 받을 것이다, 세운(歲運)에서 金 재운(財運)이 왕(旺)할 때가 돈을 버는 응기(應氣)이고, 약할 때는 돈벌이가 힘들 때이다.

時	日	月	年
壬	丁	辛	丙
寅	丑	卯	午

卯月의 丁火이다. 天干에 丙火 겁재(劫財)가 辛金을 극(剋)해서 사회 외부 환경이 좋다. 자기보다 높은 사람에게 인기가 있으니 도움

을 받겠으나 친구들에게 도움받기는 힘들겠고, 기신의 역할을 할 것이다. (午 洩 卯) 아들을 낳으면 딸보다 나을 것이다. (丑은 아들 印綬는 딸) 결혼은 괜찮겠고, 가정도 그만하면 유지할 만은 하나 관계가 썩 좋은 편은 못 된다. 부인이 바람기가 있다. 혼외 정이 있다. (丙-辛-丁)로 巳火와 午火의 年이 아주 나쁘다. 이 조합은 폭탄과 같다. 卯-丑-寅(효인-식상-인성) 일명 효인탈식이다.

時	日	月	年
癸	壬	丁	己
卯	寅	丑	酉

곤(坤) 命, 丑月 壬水이다. 신약사주(身弱四柱)이다. 지지(地支) 丑土가 최대 용신으로 관성(官星)인데, 두 번이나 극(剋)과 제(制)를 당해서 본인은 좋은 직장이 힘들다. 관성은 또 그의 남편을 대표하는데, 능력이 없다. 키가 작고 뚱뚱하다. 酉金의 연주(年主)는 인성(印星)인데 나쁜 작용을 했으니 지성이 높지 않다. 寅木과 卯木은 일주(日主)의 자녀 성으로 아주 나쁜 작용을 한다. 그의 성 능력 또한 강하지 않음을 설명한다. 친구들과는 친하게 지낼 수 있으나 아무 능력이 없다. 재운(財運)도 좋지 않으며, 그의 재성(財星)인 丁火는 己土를 생(生)하는 나쁜 작용을 했으니, 재운이 약하다. 寅木이 왕(旺)한 것도 집에 재산이 없는 것을 의미한다.

時	日	月	年
甲	壬	己	乙
辰	戌	丑	巳

丑月의 壬水이다. 身强格이다. 戊土가 두번 극(剋)과 제(制)를 받아 신체, 가정, 결혼 다 나쁘다. 충(沖)과 형(刑)은 특수 작용 형식으로 성질이 괴팍하다. 巳火의 正財가 丑土를 생(生)해주어서 丑土가 戌土를 형(刑)함은 그와 처자 간의 감정이 아주 나쁘다는 것을 설명한다. 巳火는 그의 조상이고 그의 부친이다. 극부(克父)하는 명(命)이다. 관성(官星)이 나쁜 작용을 했으니, 아주 게으르고 사업도 엉망진창이다. 天干의 己土를 용신으로 쓰자 하니 상관견관(傷官見官)의 조합이 불길하다. 乙木이 왕해서 己土를 극할 때 관재가 생긴다. 직장에서는 해고당해서 개인 장사를 시작했다. 甲木의 자녀 성 하나만 제대로 되어 있다. 甲申 운(運)에 甲年에 壬水를 설(洩)해 아들이 멀리 갔다. 亥水가 巳火를 충(沖)할 때 돈을 벌 수 있다. 이 사주팔자는 운을 조절하기 어려운 팔자이다. 身强格에 巳火 財星運이 用神으로 너무 약한 게 탈이다.

時	日	月	年
丁	庚	戊	庚
丑	午	子	戌

子月의 庚金이다. 年干의 庚金은 戊土 인성(印星)을 설(洩)해서 좋은 작용을 일으킨다. 외부와 합작하려면 庚金이 왕(旺)해야 외부 환경이 좋아진다. 그때 자기 자신의 환경도 좋아진다. (日干을 확인하라) 庚金이 변하면 기신인 戊土 인성(印星)을 설(洩)해서 좋은 계획과 아이디어가 잘 생기게 된다. 그러니 외부와 합하는 사업은 본 사주원국의 모습이다. 장사를 혼자 해도 연간(年干)의 庚金 도움을 받을 수 있는 것이다. 時干의 丁火는 日主의 관성(官星)으로서 왕할 때면 일주

(日主)의 사업 운이 강해져 사업이 잘된다. 戊土가 왕할 때 흉만 있고 길은 없다. 내외가 흉하며 午火의 칠살(七殺)이 최대 용신인데, 子水와 丑土가 쌍으로 극(剋)과 제(制)를 해서 대흉(大凶)이다. 다행히도 戊土 인성(印星)이 子水를 극해서 子水가 午火를 충(沖)하고, 극하는 힘으로 많이 약하게 해줬다. 戊土의 운에 子水를 극하고 丑土를 형(刑)하며 午火를 약간만 설(洩)하여도 吉하다. 제일 길한 대운은 寅木과 卯木 대운이다. 子水를 설(洩)하고 丑土를 극해서 또 午火를 생(生)해주니 말이다. 하지만 卯木이 戊土를 극하고 卯木이 戊土를 합(合)해서 흉한 해(年)도 있으니, 잘 살펴보아야 할 것이다.

時	日	月	年
庚	丁	癸	丁
戌	亥	卯	巳

卯月 丁火이다. 亥水가 두 번 극(剋)과 제(制)를 당해서 從旺하지 못하고 신강사주(身强四柱)다. 이 조합은 안 좋다. 亥水가 卯와 戌의 속박을 벗어나 亥水가 왕해지면, 丁火 日干에 관재가 있기 쉽다. 卯木이 亥水를 설(洩)하는 조합까지는 괜찮은데, 巳火가 또 와서 卯木을 설(洩)하는 조합이 나쁘다. 무슨 일을 해도 부도가 잘 나는 사주팔자다. 比肩과 劫財가 바로 기신으로 왕(旺)하면 부도의 상징이기 때문이다. 年主의 丁火는 조상으로서, 조상이 형제란 十神을 가졌으니 가난했다. 외부의 친구도 같이 불길하다. 일이 생기면 같이 일이 생겨 꼬인다. 癸水가 관재인데, 年干의 丁火와 일정을 같이 극해 불길함이 생기는 신호이다. 아울러 癸水가 극 당하고 있는 연간(年干)의 丁火는 관직도 없고 직위도 없는 힘없는 존재라는 것을 나타낸다.

戌土가 예측 업이다. 명리학이 적성에 잘 맞다.

時	日	月	年
丁	丙	甲	丁
酉	午	辰	卯

辰月의 丙火이다. 정화용신(丁火用神)이 甲木을 설(洩)해 기신 노릇을 한다. 외부의 도움을 못 받는다. 주위의 친구들은(時干의 丁火) 약간 도움을 받을 수 있으나 힘이 미약하다. 酉金은 正財요 나의 편인데, 午火의 극(剋)을 받으니 또 다시 약해졌다. 申金과 酉金이 세운(歲運)에서 약해질 때 돈을 좀 벌었다. 午火는 결혼 궁이요, 가정의 재산이요, 가정살림살이인데, 진토(辰土)에게 해(晦) 당하니 불길하다. 진토는 일주(日主)의 식신(食神)이다. 그러니까 일주의 아생(我生) 능력이 안 좋다는 것을 의미한다. 어느 정도 나쁠까. 다행히 묘목(卯木)의 인성(印星)이 한번 극(剋)을 해주니 아주 나쁘지는 않았다. 즉 그의 예술 방면의 소질은 보통이고 성 능력도 보통임을 의미한다. 묘목은 일주의 인성으로, 일주의 지성(知性)은 괜찮고 모친은 능력이 있으신 분이다. 인목(寅木)과 묘목의 대운(大運)이 가장 좋은 대운이다. 진토의 기신을 잡고 午火를 생(生)해서 신약격(身弱格)인데, 사주에 官殺이 없어 길하다. 壬水와 癸水, 亥水와 子水가 극과 제를 당하는 세운에 사업이 성공한다.

時	日	月	年
丁	丁	乙	丙
未	卯	未	寅

未月의 丁火이다. 地支의 寅木, 未土, 卯木 조합이 나쁘다. 용신끼리 싸우는 사주팔자는 운이 안 좋다. 월지(月支)의 미토(未土)와 시지(時支)의 미토는 일간(日干) 정화(丁火)의 아군이다. 자녀 운이 나쁘니 자녀의 총명함이 약하다. 만약 자식이 하나라면 하나가 나쁘고, 둘이라면 맏이가 나쁘고, 둘째는 첫째보다는 덜 나쁘다. 官殺星의 水가 없어서 다행이다. 직업은 괜찮겠다. 그러나 乙木이 연간의 丙火한테 설(洩) 당한 조합이 문제이다. 외부 환경이 용신이 기신 노릇을 하니 방조하는 척할 뿐, 절대적으로 도움이 안 되는 조합이다. 財星의 운은 좋다. 申金과 酉金이 극(剋)과 제(制) 당할 때 돈이 생긴다. 자식들은 지성 부분이 약한데, 그 외 재운(財運), 관운(官運)은 다 좋을 것이다. 官은 사람의 행위와 습관을 대표한다. 특히 책임감과 엄숙함 등이 그것이다. 사주팔자를 논할 때 年과 月을 보는데, 年干과 日支가 가장 중요하다. 사주팔자란 여덟 개 글자에 실린 정보의 길흉을 푸는 것이다. 相이 모습이 중요하다. 차원이 중요하다. 조합이 중요하다. 이것이 체(體)의 모습이다.

比劫이 극과 제를 당하면 진급하고, 큰돈 벌고, 결혼한다. 모든 가능성이 다 있다. 왜 그런가. 比劫을 극과 제를 하는 그 글자가 어떤 응효(應爻)를 일으킨다는 뜻이다. 사주팔자의 글자는 비록 여덟 개 밖에 안 되지만, 여기에 대운과 세운을 합치면 총 12개 글자다. 이 12개 글자가 한 사람의 인생이라고 정한다면, 글자 1개 글자가 가진 오만 가지의 상(相)을 대변할 수 있기 때문일 것이다. 즉 오행(五行)이 체(體)이며, 십신(十神)이 용(用)이 되는 것이다.

時	日	月	年
乙	戊	辛	壬

卯 午 亥 戊

亥月의 戊土이다.

年干의 壬水는 기신인데, 辛金을 설(洩)해서 용신의 작용을 했다. 외부 환경이 좋다. 壬水는 日干의 편재(偏財)라, 이 편재의 운이 좋다는 것을 의미한다. 일지(日支) 양쪽에 亥水와 卯木이 있는데, 亥水가 극해서 午화가 나쁘고, 卯木이 午火를 생(生)해서 좋다. 亥水는 日干의 편재이고, 卯木은 日干의 정관(正官)이다. 年支 戌土(比肩)가 亥水를 극해 亥水가 午火를 극하는 힘이 약해졌다. 五行을 고루 갖췄다. 乙木 官星은 忌神으로 日干을 극하고, 卯木 官星은 기신으로 地支로 午火를 생(生)해서 日干을 도와주고 있다. 국가 업무는 힘들다. 개인이나 중소기업에 가서 사업할 팔자인데, 사업은 잘할 수 있다. 기신이 용신 노릇을 한다면 운수가 좋다는 조합이다. 亥水는 정재(正財)인데, 午火를 극했으니 부인과 감정이 깊을 수 없다. 이혼 정보가 들어 있다. 다행히도 戌土比肩이 한번 극해주어, 亥水의 나쁜 작용을 경감시켰다. 나쁜 작용이란 부인의 능력을 말하는데, 원래는 능력이 많이 차이 났으나 戌土에게 극 당해서 능력이 그리 나쁘지 않다는 뜻이다. 比肩의 戌土는 무엇일까. 日干과 같은 五行이라, 바로 日干의 형제 친구들일 것이다. 즉 부인은 인맥과 교제 능력이 좋다는 뜻을 의미한다. 그러나 결혼 중에 午火가 극을 당했으니 아주 행복한 사주는 아니다. 비록 卯木이 생(生)한 힘이 亥水의 힘보다 더 커서 좋긴 하지만, 아예 극을 당하지 않는 것보다는 낫다. 누가 부인인가. 그리고 정재(正財)가, 즉 본인의 정재 운이 나쁨으로 하여, 집에 있어야 할 돈이 관리되지 못하게 되었다는 것이다. 그러나 天干에 편재(偏財)는 좋다. 큰 재운(財運)으로 연결되어 있다. 편재는 또 그의 아버지이다. 아버지의 도움을 받는다. 또 그의 애인이기도 하다. 그는 애인이 많고 총명하며(水는 총명) 성격은 시원하다(壬水와 癸水의 차별성). 사귀면 어떨까? 가정생활에 큰 영향력을 끼치지 않는다. 오히려 여성의 도움을 받게 되어 좋다. 돈으로 지원해줄까. 그럴 수 있다. 偏財의 신분이니, 그러나 더욱 많이는 辛金을 설(洩)하는 것으로 돕는다. 즉 아이디어로 돕는다는 말이다.

용신과 기신의 전환이 중요하다. 크게 용신을 다치면 용신도 기신으로 변한다. 日支가 1이며 月支가 2이며 詩支가 3이다. 보통은 日支와 時干을 日主의 내심 세계를 대표한다고 말하는데, 이것도 확답은 아니다. 왜냐하면 사주팔자는 다 자기를 대표하지만, 다 글자마다 내심의 세계, 즉 정신세계일 수도 있고, 행위이며 액션도 될 수 있다. 즉 성격의 특징도 될 수 있다는 것이다. 우리의 정신세계는 얼마나 풍부 하냐, 그리고 우리의 생각은 얼마나 자주 바뀌는가, 우리의 정신세계를 무엇으로 증명할 것인가. 당신의 정신세계에 무한대의 상상력이 생기듯이, 이 정신세계를 오행(五行)으로 표현한다면, 자극하는 오행도 자주 바뀐다는 것을 알아야 한다. 한 마디로 사주팔자는 수많은 정보를 가진 암호 코드라는 것이다. 점심을 같이 먹기 위해 동료와 자장면을 선정하고, 막상 중화요리 식당에서는 갑자기 짬뽕으로 바뀌며, 다른 동료는 간자장면을 시키며 우동과 탕수육을 추가해 시킨다. 이런 생각은 사주에 비유하면 무엇으로 표현해야 하는가. 사주란 누가 그 암호를 더 많이 해석하고 파악하는가에 달려 있다. 그만큼 다양성을 해석하는 데 시간이 많이 걸리는 학문이고 경험의 학문이다.

누가 명리학의 고봉에 올라설 수 있을까?

최근처럼 이런 생각을 수없이 하고 자문해온 적도 없는 것 같다.

사주는 제왕의 학문이었다.

사주를 보는 관법이 왜 다들 다르냐고 도반들이 물어본다. 왜 사주를 푸는 방식이 정형화가 안 되느냐고 묻는다. 스승들마다 각자 이론도 다르고 수준도 다르다. 한 마디로 사주는 제왕의 학문이었다. 배움이란 인연이고 노력은 각자의 노력이다. 그래서 우리는 매사에 선택을 잘해야 한다. 필자 또한 최고의 고봉에 오르는 그날까지 학문에 매진할 것이다.

6부

결론

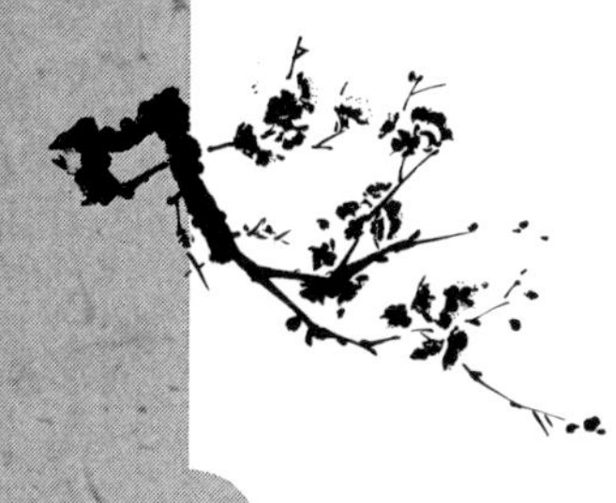

먼저 우리는 고법 명리학과 『연해자평』, 『삼명통회』 명리학사의 차이점 변화를 거쳐 『적천수』가 나온 이유의 차별성과 특징을 본문에서 살펴보았다. 필자가 생각하는 『적천수』 이론은 그 시대 전통 명리학의 잘못된 점을 고치고 수정하여 만들어진 혁신적인 이론이라고 생각한다. 우리의 학문하는 자세이기도 하다. 절대적인 것은 없다. 급변하는 세상에 학문도 맞추어 변화·발전하려고 노력할 뿐이다. 마지막으로 우린 도교 명리학 이론을 살펴보며 자평 명리학과 『적천수』의 차이점으로 도교 명리학의 이론이 『적천수』의 내용을 보완해 줄 수 있으리라 확신한다.

명리학은 제왕의 학문이다. 『연해자평』은 월령과 용신, 격국론을 위주로 사주를 감명했다. 지금도 격을 위주로 사주를 논하고 싶다면, 서초동 법원 근처에서 철학원을 하면 쉽게 좋은 격의 사주를 볼 수 있을 것이다. 그럼 '『적천수』 명리학은 격을 위주로 본다'라고 논하기 어렵다. '대세론 위주로 본다'라고 하면 어떨까. 도교 명리학은 세력 중심으로 본다. 조선시대 사농공상(士農工商)이란 신분제도를 구분한 이유는, 사회의 발전으로 신분 기준의 척도가 되었기 때문이라고 볼 수 있다. 현대를 살아가는 우리의 사회제도는 민주주의이다. 아니 자본주의다. '돈이 최고의 신분이다'라고 말한다.

사주를 보는 방법도 시대에 따라 변해야 한다. 그 변한 것을 따라 쓰인 대표적인 책이 『적천수』이다. '도교 명리학은 용신과 세력을 위주로 본다'고 말할 수 있다. 명리학사를 연구하다 보면 너무나 뛰어난 기인들이 많다. 처음부터 생겨난 비기와 비법은 없다. 연구하고 노력하여 역사의 고증을 찾고 끈기 있게 하다 보면, 어느새 고수가 되어 있을 것이다. 너무나 안타깝다. 벌써 10여 년이 훨씬 흘렀지만, 도반 중 『자평진전』의 격에 빠져 사주팔자를 격국에 맞추어 모든 사람을 판단, 감명하려는 걸 보고 처음에는 놀라고 황당했다. 하지만 섣부르게 참견하다 보면 나의 오만일 것 같아 조심스러웠다. 그리고 미안하지만 이제서야 자신 있게 말할 수 있다.

명리학의 이론 체계는 정명론(定命論)에 근거를 두고 있다. 명리학은 태어난 생년월시의 간지(干支)를 통해 운명을 추론하는 학문이다. 명리학은 격국론과 중화론 사이에 긴밀한 유기적 관계를 갖고 있다. 사주를 판단함에 있어 어느 이론이 더 중요한 것이 아니라. 격국론과 중화론을 함께 보아야만 간명의 정확성이 높아진다. 격국론은 사주에 있어 뼈대와 골격의 역할을 담당하므로 명리학의 근본적인 이론이다. 격국론이란 사주팔자를 감명하는 무수히 많은 방법 중 하나의 이론이므로, 자의적 해석 방법으로 정의 내릴 수 있는 것은 아무것도 없다. 단정할 수 있는 것은 아무것도 없다. 사주팔자라는 학문은 4차원의 학문이다. 중용을 지켜야 한다. 우리가 사주팔자를 감명하다가 확신이 들어서 이야기한 것이 내담자에겐 씻을 수 없는 모욕이 될 수 있고, 평생의 트라우마로 남을 수 있다. 필자 또한 사주팔자가 좋지는 않다. 하지만 명리학(命理學) 학자로서 운명의 이치를 아는(깨닮음) 공부를 함에 있어서 어떻게든 현명하게 살아가야 하기에, 좋은 방향으로 살면서 개선해보려 노력하고 있다.

① 명리학은 간지(干支)론을 위주로 보는 학문이다. 도교 명리학해 현대 명리학이 천간(天干)론을 중심(화토동궁설)으로 본다면, 도교 명리학은 지지(地支)론을 중심(수토동궁설)으로 보며 운명을 추론하는 학문이다.

② 전통 명리학의 수많은 잡격을 무시했고, 세력을 위주로 보는 4가지 격(格)을 기본으로 도교 명리학의 격을 보는 원리로 삼았다. 격의 구조를 살펴볼 수 있었다.

③ 명리학의 육친론을 육효의 육친론으로 쓴다. 고법 명리학의 잔재이다.

(남녀 모두 부모를 인성으로 했고, 자녀를 식상으로 보았다. 전통 명리 : 부친 = 편재, 남자 사주에서 자녀 = 관살)

④ 잡다한 신살을 배격한 이유를 알 수 있었다.

(충만 인정하고 형 파 해를 무시했고, 천을, 귀인 등을 무시했다.)

⑤ 십신을 오행으로 축소하면서 보는 방법을 사용한 이유는, 전통 명리학에서는 십신이 굉장히 중요하기 때문이다. '십신을 모르면 명리학을 논할 수 없다'라는 개념을 깨우치기 위해 십신을 오행으로 축소시켰다. 오행 개념을 중시하고, 음양 개념을 축소시켰다. 십신은 오행을 음양으로 나눈 것인데, 십신도 중요하지만 오행의 개념과 음양의 구별에 의미를 더욱 더 중요해서 구분을 해놓았다.

필자는 전통 명리학에서 쓴 신살, 공망, 태원, 반합, 명궁, 장간 등이 근본 사주팔자가 스스로 가지고 있는 규율이 아니라, 사람들이 사주를 다 푼 다음에, 사주풀이를 쉽게 통변하기 위하여 정황에 끼워 맞추기 식으로 만들어낸 지팡이 같은 도구일 거라고 생각한다.

도교 명리학의 최고 비기는 개선법이다. 도교 명리학이 왜 나왔는지 본론에서 명리학 이론 모드의 베일을 벗겨 논해보았다. 스승님도 도교 명리학의 학사적 흐름을 모르고 막연히 전통 비법이라 비밀리에 가르쳐주셨지만, 시간이 지나고 나서 명리학 공부를 한 지 20년이 훌쩍 넘은 이 시점에야 미약한 글이나마 확신이 서서 밝히고자 한다.

우리를 찾아오는 손님 99%가 고달픈 사람임을 알아야 한다. 그러기에 당신의 마음이 가장 중요한 약(藥)이 된다는 점을 인지했으면 한다. 당신에게 인간을 사랑하는 기본적 마음이 없다면, 아무리 상담을 잘해도 상대방은 심령의 상처를 치유받기 힘들 것이다. 어떤 사주팔자도 다 그 사람을 살 수 있도록 한 생존 지도가 있다. 우리가 할 일은 바로 그것을 정확히 찾아내어, 그 길을 잘 걷도록 방향 제시를 해주는 것이 우리가 해야 할 업무인 것이다.

'성격을 고치면 운명이 바뀐다'라는 격언을 꼭 기억해주시길 바란다. 옛 어르신들의 말씀에, 나쁘다고 생각하는 성격 3개만 고치면 운명이 바뀐다고 했다. 필자는 아직도 운명을 바꿀 수 있다고 믿고 있다. 운명을 바꿀 수 있다고 생각하면서 이 글을 마무리하겠다.

끝까지 읽어주셔서 감사합니다.

유천(劉泉)

참고문헌

_『주역』

_『연해자평』

_『궁통보감』

_『회남자』

_『근사록』

_『태극회의』

_『오행대의』

_『명리정종』

_『삼명통회』

성균관대 일반대학원 한문고전번역협동과정 옮김 『사고전서의 이해의 첫 걸음』, (성균관대 출판부, 2016)은 장순휘(張舜徽, 1911~1992)의 『사고전요서강소(四庫提要敍講疏)』

金東奎 譯, 『完譯滴天水闡微』, 서울 : 明文堂, 2002.

김승동, 『易思想辭典』, 부산대학교 출판부, 2006. 1

김이남, 이명산, 『삼명통회』, 삼하출판사, 2011. 4. 5

고해정, 『음양오행과 사주명리학』, 서울: 한빛출판사, 2017. 3. 7

박영창, 『명리학적천수강해』, 글로벌사이버대학교, 2014

심재열, 『명리정종정해』, 심재열, 明文堂, 1987. 6

이석영, 『회남자』, 경기도 : ㈜사계절출판사, 2004

오청식, 『연해자평』, 서울 : 대유학당, 2008

오청식, 『자평진전평주』, 전북 익산시 : 효정출판사, 2013. 4. 15